CONSTRUINDO O SABER

METODOLOGIA CIENTÍFICA – FUNDAMENTOS E TÉCNICAS

MARIA CECÍLIA
MARINGONI DE CARVALHO (ORG.)

CONSTRUINDO O SABER

METODOLOGIA CIENTÍFICA – FUNDAMENTOS E TÉCNICAS

PAPIRUS EDITORA

Capa	Francis Rodrigues
Copidesque	Aurea Guedes de Tullio Vasconcelos
Diagramação	DPG Editora
Revisão	Beatriz Marchesini, Cristiane Rufeisen Scanavini, Elisângela S. Freitas e Isabel Petronilha Costa

Dados Internacionais de Catalogação na Publicação (CIP)
(Câmara Brasileira do Livro, SP, Brasil)

Construindo o saber: Metodologia científica – Fundamentos e técnicas/Maria Cecília Maringoni de Carvalho (org.). – 24ª ed. – Campinas, SP: Papirus, 2012.

Vários autores.
Bibliografia.
ISBN 978-85-308-0911-9

1. Ciência – Metodologia 2. Trabalhos científicos – Metodologia
I. Carvalho, Maria Cecília Maringoni de.

12-09630   CDD-501.8

Índice para catálogo sistemático:

1. Metodologia científica   501.8
2. Trabalhos científicos: Metodologia   501.8

24ª Edição – 2012
8ª Reimpressão – 2024
Tiragem: 60 exs.

Exceto no caso de citações, a grafia deste livro está atualizada segundo o Acordo Ortográfico da Língua Portuguesa adotado no Brasil a partir de 2009.

Proibida a reprodução total ou parcial da obra de acordo com a lei 9.610/98.
Editora afiliada à Associação Brasileira dos Direitos Reprográficos (ABDR).

DIREITOS RESERVADOS PARA A LÍNGUA PORTUGUESA:
© M.R. Cornacchia Editora Ltda. – EPP – Papirus Editora
R. Barata Ribeiro, 79, sala 316 – CEP 13023-030 – Vila Itapura
Fone/fax: (19) 3790-1300 – Campinas – São Paulo – Brasil
E-mail: editora@papirus.com.br – www.papirus.com.br

SUMÁRIO

PREFÁCIO À QUARTA EDIÇÃO 7

PREFÁCIO À PRIMEIRA EDIÇÃO 9

PRIMEIRA PARTE

I. A PROBLEMÁTICA DO CONHECIMENTO 15
   Heitor Matallo Jr.

II. MITO, METAFÍSICA, CIÊNCIA E VERDADE 35
   Heitor Matallo Jr.

III. A EXPLICAÇÃO CIENTÍFICA 47
   Heitor Matallo Jr.

IV. A CONSTRUÇÃO DO SABER CIENTÍFICO: ALGUMAS POSIÇÕES 77
   Maria Cecília Maringoni de Carvalho

V. CIÊNCIA E PERSPECTIVAS ANTROPOLÓGICAS HOJE 107
   João Francisco Regis de Morais

SEGUNDA PARTE

I. O ESTUDO COMO FORMA DE PESQUISA.. 119
   João Baptista de Almeida Júnior

II. O ESTUDO DE TEXTOS TEÓRICOS 147
   Vera Irma Furlan

III. TÉCNICAS DE DINÂMICA DE GRUPO 161
   Vânia Gomes e *Paulo Moacir Godoy Pozzebon*

IV. SEMINÁRIO... 171
   Elisabete Matallo Marchesini de Pádua

V. O TRABALHO MONOGRÁFICO COMO INICIAÇÃO
   À PESQUISA CIENTÍFICA.. 185
   Elisabete Matallo Marchesini de Pádua

VI. O PÔSTER COMO ESTRATÉGIA DE SOCIALIZAÇÃO
   DE TRABALHOS ACADÊMICOS 215
   Elisabete Matallo Marchesini de Pádua

PREFÁCIO À QUARTA EDIÇÃO

Em seu oitavo ano de vida, *Construindo o saber* alcança a quarta edição. E é com renovada alegria que oferecemos aos usuários deste livro uma edição não apenas corrigida, mas também ampliada. A provisoriedade do saber nos impôs algumas reconsiderações, a lição haurida na prática efetiva em sala de aula nos sinalizou o caminho da reformulação e apontou-nos também a necessidade de uma ampliação.

Assim, na Primeira Parte, o Capítulo III foi consideravelmente aumentado, buscando-se fazer uma ponte entre as considerações de caráter mais sistemático contidas nos capítulos iniciais e as de cunho mais histórico-epistemológico desenvolvidas no Capítulo IV.

Na Segunda Parte, foram os Capítulos I, II e V que receberam alterações e complementações. Eles foram também atualizados com o intuito de ir ao encontro das novas diretrizes que orientam o procedimento de referenciação bibliográfica e de atender às normas da Associação Brasileira de Normas Técnicas (ABNT) concernentes à elaboração de resumos. O tema *seminário* mereceu destaque, sendo tratado em um capítulo à parte, dada a relevância que essa técnica possui tanto nos cursos universitários como nos congressos e encontros científicos.

Mais uma vez desejamos agradecer ao professor Heitor Matallo Júnior, da Universidade Federal do Piauí (UFPI), e aos nossos colegas do Instituto de Filosofia da Pontifícia Universidade Católica de Campinas (PUC-Campinas), autores desta obra que, ora enriquecida, esperamos possa atender ainda melhor aos interesses e às necessidades dos alunos e docentes da disciplina Metodologia Científica.

A ORGANIZADORA
Campinas, 1994

PREFÁCIO À PRIMEIRA EDIÇÃO

Este livro se destina a todos os universitários que se iniciam no estudo da Metodologia da Ciência. Por que Metodologia da Ciência? Não estaria tal investigação associada àquela crença ingênua de que, com o auxílio de um repertório de regras claramente definidas e universalmente aceitas, seria possível ampliar nosso saber acerca da natureza física e/ou humana e do qual dependeria, em última análise, o bem-estar material da humanidade?

O otimismo presente em tal pretensão certamente não encontra mais espaço nas metodologias da atualidade. O vínculo estreito a unir ciência e arte bélica, bem como o grande número de problemas ecológicos que emergiram na esteira do progresso científico, tem animado, por vezes, até mesmo posturas anticientíficas.

Tudo parece indicar que a ciência é uma atividade humana, muito mais dependente da história e da sociedade do que se podia outrora imaginar. De qualquer forma, em que pesem seus triunfos e desacertos, quiçá exatamente por causa deles, a ciência é um fato que possui inegável relevância na vida do homem contemporâneo. Sendo assim, a filosofia não poderia deixar de considerar a reflexão sobre o conhecimento científico, acerca dos princípios que presidem a sua produção, como um de seus objetos de estudo.

Entendemos que o objetivo primordial de uma metodologia não seja o de colocar à disposição do cientista um elenco de regras às quais ele deveria se ater para produzir o seu saber. Não existem caminhos pré-traçados que nos conduzam inexoravelmente à verdade, ou que garantam necessariamente a descoberta do novo. Consideramos que a metodologia pode, entretanto, contribuir oferecendo pontos de vista que tornem possível uma discussão crítica sobre a ciência, e de sugerir parâmetros que propiciem uma avaliação dos resultados da produção científica. Somos, além disso, de opinião que uma metodologia se alia, naturalmente, a uma reflexão filosófica mais ampla acerca do homem – construtor do saber científico – do qual todo conhecimento depende e para o qual todo saber deve ser gerado.

A elaboração da presente obra foi inspirada pelo desejo de aproximar o iniciante de alguns dos problemas que julgamos mais fundamentais na área da metodologia, e de oferecer-lhe, também, um instrumento que possa viabilizar sua inserção no universo da produção científica. Por isso, o livro compreende dois módulos: um deles é de cunho predominantemente teórico, filosófico; o outro, de natureza mais prática, na medida em que visa orientar o estudante universitário na realização de trabalhos acadêmicos ou científicos.

Seus vários capítulos foram confiados a docentes especializados nas áreas de Filosofia ou da Metodologia Científica e que dispõem de grande experiência didática no ensino universitário. Pelo fato de a obra ter resultado de um projeto elaborado por um grupo de professores do Instituto de Filosofia da PUC-Campinas, pareceu-nos natural que a redação de grande parte dela fosse confiada a docentes desse instituto. Destaque especial merece a colaboração do professor Heitor Matallo Júnior, da Universidade Federal do Piauí.

O livro apresenta, certamente, lacunas, as quais nos pareceram inevitáveis tendo em vista, sobretudo, a abrangência e complexidade da maioria de seus temas e os limites impostos por uma obra que não pretende oferecer mais do que uma iniciação aos fundamentos e técnicas da

Metodologia Científica. Por isso, gostaríamos de poder contar com as observações críticas dos professores que porventura vierem a adotá-lo em seus cursos, para que – no caso de uma eventual reedição – procuremos, na medida do possível, aprimorá-lo.

Queremos agradecer aqui a colaboração de todos os autores que participam da presente edição, em especial à professora Vera Irma Furlan, que animou a realização deste projeto. Nossos agradecimentos se dirigem à Papirus Editora pela cordial acolhida dispensada à publicação de nosso livro.

A ORGANIZADORA
Campinas, 1987

PRIMEIRA PARTE

I
A PROBLEMÁTICA DO CONHECIMENTO

Heitor Matallo Jr.

A preocupação com o conhecimento não é nova. Praticamente todos os povos da Antiguidade desenvolveram formas diversas de saber. Entre os egípcios a trigonometria, entre os romanos a hidráulica, entre os gregos a geometria, a mecânica, a lógica, a astronomia e a acústica, entre os indianos e muçulmanos a matemática e a astronomia, e entre todos se consolidou um conhecimento ligado à fabricação de artefatos de guerra. As imposições derivadas das necessidades práticas da existência foram sempre a força propulsora da busca dessas formas de saber.

Somente um povo da Antiguidade teve a preocupação mais sistemática e filosófica com as condições de formação do conhecimento: foram os gregos. Paralelamente ao conhecimento empírico legado pelos povos do Oriente, Mesopotâmia e Egito, os gregos desenvolveram um tipo de reflexão – a *intuição* – que se destacou pela possibilidade de gerar teorias unitárias sobre a natureza e desvincular o saber racional do saber mítico. Isso não quer dizer que os gregos tivessem abandonado sua mitologia e cosmologia em favor de um saber racional, mas tão somente que eles começaram a ter consciência das diferenças entre essas duas formas de *logos*.

A episteme, característica do pensamento grego, era do tipo *theoretike*, isto é, um tipo de saber adquirido pelos "olhos do espírito" (Farrington 1961; Wartofsky 1968; Vargas 1975) e que ia além dos meros fenômenos empíricos. Essa diferença entre conhecimento *prático* – que estava ligado ao trabalho, à execução de atividades de produção de bens e coisas necessárias à vida – e conhecimento *teórico* – ligado ao prazer de saber – chegou a cristalizar-se como formas de conhecimento de diferentes naturezas. Essa diferença que surgiu entre os gregos foi resultado, segundo Farrington (1949), de uma separação de atividades de classe, da separação entre "cabeça e mão". Conforme o autor, só o aparecimento de uma classe ociosa poderia ensejar o desenvolvimento de um conhecimento desvinculado das necessidades. Como essa classe tinha mais prestígio e *status*, sua atividade foi considerada superior, pura e livre, em oposição ao trabalho prático, considerado inferior, desinteressante e preso ao interesse de outrem, já que era executado por escravos para os senhores.

Platão foi o primeiro filósofo a desenvolver uma teoria sobre o mundo, utilizando-se da *intuição* como forma de pensamento superior. A sua teoria das formas (Platão 1978, 1970; Popper 1974) é um exemplo disso e revela a tentativa de fundamentar um conhecimento certo e verdadeiro para além do cambiante e fugaz mundo dos fenômenos. Para Platão, o mundo sensível está em constante mudança e, nesse caso, torna-se impossível conhecê-lo por razões óbvias: não se pode conhecer uma coisa que deixa de ser ela mesma na sucessão do tempo.

O recurso metodológico e filosófico para solucionar essa dificuldade é pressupor que exista na coisa algo que permanece ou que esteja presente na sucessão do tempo: é a sua essência. Para Platão, a essência da coisa está em sua *forma* ou *ideia*. Assim, para toda coisa do mundo sensível existe uma ideia ou forma que lhe corresponde como sua essência ou natureza. As ideias são perfeitas, imutáveis e não habitam o mundo espaçotemporal, sendo apreendidas apenas pelo pensamento puro. As coisas sensíveis são como cópias imperfeitas das ideias ou formas, já que por princípio uma coisa perfeita, se mudar, é para pior. A mudança aparece como o elemento que corrompe e degenera, pois afasta cada vez mais a coisa de sua natureza.

Foi na escola platônica, a Academia, que se desenvolveu a *dialética* e, mais tarde, o conhecimento aristotélico. A dialética, ou o método socrático, foi de extrema importância na história do pensamento, pois significou o rompimento racional com o senso comum ou a tentativa de realizá-lo. A dialética é realizada num diálogo em que uma das partes leva a outra a reconhecer as contradições e incoerências de suas crenças. Nesse processo, as premissas do pensamento comum são questionadas e criticadas até que os temas apareçam despidos dos preconceitos e valorações comuns. A dialética socrática é um método de aproximações sucessivas (Popper 1982; Wartofsky 1968) em que não há propostas de solução para as questões, mas tão somente a crítica contra as concepções propostas. Esse método, diria Popper, elimina as teorias que não suportam a prova.

Juntamente com Platão, Aristóteles foi o grande personagem que erigiu a ciência grega e ocidental, formulando um conhecimento que prevaleceu quase intocado até o século XVI.

Enquanto Platão ensinava que só podemos conhecer as formas ou ideias e não propriamente as coisas (destas só podemos ter opiniões confiáveis), Aristóteles se distanciava dessa doutrina promovendo uma convergência entre as formas e os fenômenos (a virtude está no meio). Ele criticou a dialética por sua negatividade, por sua incapacidade de criar conhecimentos positivos, e adotou a doutrina de que as formas só subsistem na matéria e é só por esta que obtemos aquelas. A existência das formas – que para Platão eram eternas, imutáveis e independentes do mundo sensível – é, para Aristóteles, uma "realidade materializada" que não pode ser entendida senão pelo estudo das coisas concretas. Isso quer dizer que o conhecimento *começa* no estudo das coisas, mas não se resume a isso. Aristóteles se utilizou da indução – processo que tem como perspectiva a formulação de leis gerais a partir da observação de fatos particulares – para formular princípios explanatórios gerais e, a partir destes, voltar a fazer deduções de novas ocorrências. Deve-se associar, portanto, a indução e a dedução, a investigação de particulares e a formulação de princípios explanatórios que, por meio da dedução, explicarão novas ocorrências. Da observação de que os corpos caem, sejam eles lançados a distância ou soltos no ar, formulou Aristóteles a sua teoria do movimento e da estrutura da matéria que, por dedução, explica o movimento dos astros e a aparente diferença de velocidades de diferentes corpos em queda livre.

O conhecimento consistia, então, em saber quais as características ou propriedades das coisas enquanto membros de uma classe. Saber o que Sócrates é, é saber quais são suas propriedades individualizantes, bem como as propriedades da classe a que pertence, a de homem.

As características que fazem com que uma coisa seja *particular* não são nem comuns nem essenciais para a sua classificação, pois são meros *acidentes*. Ter quatro patas, um rabo e um focinho são características essenciais da classe dos cães. Mas ter cor preta ou branca ou marrom é um acidente e não constitui objeto de conhecimento, mas da percepção aplicada aos particulares (Aristóteles 1978; Losee 1978; Wartofsky 1968).

Assim, partiu Aristóteles para a formulação dos princípios da classificação e, depois, de sua lógica formal. Nesse campo sua contribuição foi verdadeiramente notável.

Outra grande contribuição do pensamento grego foi no campo da geometria, desde Pitágoras – com suas magníficas descobertas como o teorema das áreas do triângulo retângulo e da irracionalidade da raiz de 2 ($\sqrt{2}$)[1] – até a obra de Euclides, paradigma de cientificidade e rigor até nossos dias. As grandes contribuições de Euclides foram o desenvolvimento do método axiomático e a difusão da crença de que era possível fundamentar absolutamente o conhecimento. Essa crença se desfez somente no século XX com o programa epistemológico do Círculo de Viena, e especialmente de Rudolf Carnap, que mostrou a impossibilidade de fundamentar absolutamente o conhecimento.

Temos, enfim, a contribuição dos gregos para o pensamento social. Platão com a sua *A república* e Aristóteles com a *Política* foram os primeiros a sistematizar reflexões sobre a vida social.

1. Opinião x ciência

Em uma passagem do diálogo *Ménon*, de Platão (s.d., p. 106), Sócrates faz a seguinte distinção entre opinião e ciência:

---

1. A descrição dessa demonstração encontra-se em Salmon 1978.

E assim, pois, quando as opiniões certas são amarradas, transformam-se em conhecimento, em ciência, permanecem estáveis. Por este motivo é que dizemos ter a ciência mais valor do que a opinião certa: a ciência se distingue da opinião certa por seu encadeamento racional.

Podemos dizer que aqui começa verdadeiramente a teoria do conhecimento e da ciência.

Para Sócrates, assim como para muitos de nós, existe uma sensível diferença entre expressões da forma "Eu acho que" e " Eu sei que". A primeira das sentenças diríamos que está no nível da *doxa*, da opinião, e seu valor é tal que não difere, quando pronunciada por certa pessoa, do valor de expressões do mesmo tipo pronunciadas por qualquer outra pessoa. Ou seja, opiniões são emitidas a todo momento e por todas as pessoas (sim, porque todos nós temos sempre uma opinião sobre qualquer coisa) sem que haja uma argumentação sólida para comprová-las. Acontece muitas vezes de acertarmos com uma opinião, mas, em geral, não saberíamos justificá-la a não ser por outras opiniões. Mas de onde vem, então, nossa capacidade de emitir opiniões? Vem dessa enorme quantidade de informação que possuímos, a que chamamos de senso comum.

O senso comum é um conjunto de informações não sistematizadas que aprendemos por processos formais, informais e, às vezes, inconscientes, e que inclui um conjunto de valorações. Essas informações são, no mais das vezes, fragmentárias e podem incluir fatos históricos verdadeiros, doutrinas religiosas, lendas ou parte delas, princípios ideológicos às vezes conflitantes, informações científicas popularizadas pelos meios de comunicação de massa, bem como a experiência pessoal acumulada. Quando emitimos opiniões, lançamos mão desse estoque de coisas da maneira que nos parece mais apropriada para justificar e tornar os argumentos aceitáveis. Valorações e crenças são, portanto, o substrato do senso comum e de nossas ações e comportamentos cotidianos. Há, no entanto, uma marcante diferença lógica entre as crenças e os valores, ainda que praticamente não seja nada fácil diferenciá-los. As crenças se manifestam por meio de proposições, que podem ser submetidas a um teste de veracidade, ou seja, é possível dizer se são verdadeiras ou falsas, ao passo que com as valorações isso não ocorre (Myrdal 1970). Destas podemos dizer que são boas ou más, desejáveis ou indesejáveis, justas ou injustas, mas não que são verdadeiras ou falsas.

Quando uma mulher afirma, por exemplo, que a causa de sua indisposição foi o "mau-olhado de fulana", podemos até com facilidade colocar à prova sua afirmação não só mediante um exame clínico, como também testando a própria crença de que mau-olhado produz alterações fisiológicas. Pelo primeiro caminho, poder-se-ia constatar que houve apenas uma alteração na pressão arterial por má oxigenação sanguínea. Mas a crença em mau-olhado já não seria tão simples de ser testada. Teríamos de começar definindo o que é mau-olhado para podermos formular a relação que ele mantém com a fisiologia etc. De qualquer modo, seria possível resgatar os fundamentos da explicação para ser posta à prova.

Com as valorações, por outro lado, isso já não é possível. Se alguém afirmar ser liberal, socialista, racista ou cristão, não temos como testar sua doutrina. Não tem sentido afirmar que o liberalismo é verdadeiro, ou que o racismo é falso. Tem sentido dizer apenas que são boas ou más doutrinas, e que por isso nós nos julgamos no direito de aceitá-las ou recusá-las. Isso quer dizer que as valorações não admitem critérios de *decisão* quanto à sua veracidade, enquanto as crenças e o conhecimento admitem. Por isso, é muito perigoso partilhar doutrinas dogmaticamente, como se fossem verdades, pois podem levar a imposições e ao totalitarismo. Esse é o caso dos modernos regimes totalitários, cujo discurso de justificação é sempre o de desprezar a diferença, desqualificando como falsas as formas de pensamento (minoritárias ou não) diferentes da oficial.

É comum, entretanto, tentar *justificar* valores apelando para crenças já bastante difundidas no senso comum – sejam elas verdadeiras ou não – ou mesmo formular pseudoteorias para dar sustentação aos valores. O caso mais comum de imposição de um valor é o do *racismo*. Qualquer tipo de racismo se assenta na autovalorização da raça como superior e na crença de que há diferenças biológicas entre raças. Várias teorias foram construídas a fim de demonstrar que diferenças biológicas e genéticas geravam diferenças intelectuais e morais, na tentativa de justificar a dominação sobre povos e países.[2] O próprio colonialismo exercido pela Inglaterra, França e Holanda

---

2. A teoria mais conhecida é a do conde J. Artur Gobineau (1816-1882).

sobre os povos africanos e latino-americanos postulava a grande obra de civilização por eles exercida sobre os "primitivos". Essas teorias, obviamente, não têm nenhuma validade, mas continuam subsistindo no senso comum.

Apesar das inconsistências inerentes ao conhecimento de senso comum – para onde convergem crenças, opiniões e valores o mais das vezes conflitantes e assistemáticos –, ele se constitui na base a partir da qual se constrói a ciência. É aceitável entre a maioria dos epistemólogos (Popper 1978; Quine 1978b; Myrdal 1970; Alves 1983) que a ciência é um refinamento do senso comum, é a sua sofisticação, embora existam afirmações e teorias que são absolutamente contra o senso comum, como a do movimento da Terra em redor do Sol. Hoje essa teoria pode nos parecer trivial, mas sua aceitação e incorporação ao pensamento comum demorou mais de 200 anos.

Poderíamos esquematizar, então, a relação entre o senso comum e a ciência da seguinte forma:

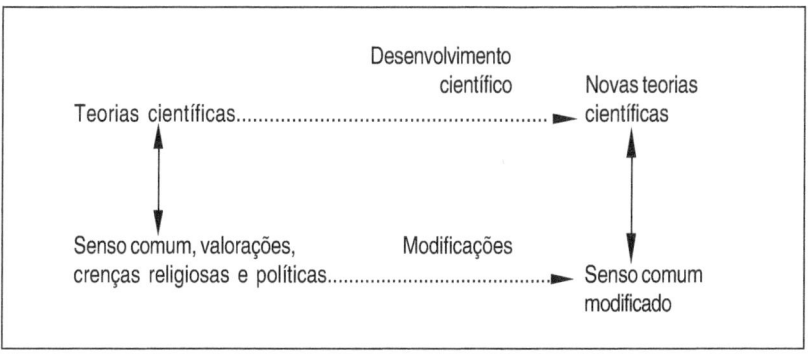

O senso comum é a base sobre a qual se constroem as teorias científicas. Essas teorias se distanciam tanto quanto possível das valorações e opiniões, gerando um conhecimento mais ou menos racional, entendendo racional como argumentativo e coerente. Esse conhecimento, por sua vez, interage com o senso comum e modifica-o, sendo absorvido parcial e totalmente, dependendo do seu grau de esoterismo. Assim, o senso comum vai progressivamente se modificando ao longo das gerações, incorporando novas informações e eliminando aquelas que se tornam imprestáveis para as explicações.

Assim como nos séculos XIV e XV as bruxas faziam parte das entidades existentes no mundo – quando era comum estigmatizar as mulheres que manifestavam prazer sexual (denunciadas pelos próprios maridos) acusando-as de possessão e, eventualmente, castigando-as até a morte –, nos séculos XVII e XVIII a loucura era tratada com banhos frios ou injeção de sangue fresco para "esfriar" os espíritos e reequilibrar a circulação (Foucault 1975).

Essas coisas que poderiam nos parecer ridículas, revelam, no entanto, a própria concepção de *corpo* que vigorava. Acreditava-se que o corpo era o depositário do *espírito*, fosse ele bom ou mau; isto é, havia as entidades materiais e as espirituais que habitavam os corpos. Não havia se processado ainda a grande transformação cartesiana de conceber os homens como sendo divididos entre corpo e alma numa só entidade. Essa mudança filosófica só penetrou nas ciências médicas no fim do século XIX, consubstanciando-se no desenvolvimento da psicologia e, mais tarde, na psicanálise.

Há, no entanto, certas informações e teorias que não se incorporaram ao senso comum por seu grau de complexidade ou por serem contra a experiência cotidiana e, nesse ponto, o senso comum é muito poderoso. São de difícil aceitação as ideias que se diferenciam muito de nossa experiência imediata. Talvez a mais comum delas diga respeito à própria origem do conhecimento.

2. A origem do conhecimento no senso comum

O pensamento popular concebe o conhecimento como derivando exclusivamente da observação por um processo *indutivo*. Ou seja: usando os órgãos dos nossos sentidos como a visão, a audição, o tato etc., formulamos proposições sobre a realidade que seriam indubitavelmente verdadeiras e qualquer observador poderia checar tais afirmações usando igualmente seus sentidos.[3] Proposições tais como:

---

3. Uma excelente crítica do indutivismo encontra-se em Chalmers 1978.

- uma barra de ferro, quando parcialmente submersa em água, aparece como torta;
- o metal, quando aquecido, se dilata;
- os músculos, quando não utilizados, se atrofiam

na medida em que se referem a fatos efetivamente observados, são exemplos de proposições *observacionais* (Chalmers 1978), fazendo parte daquela classe de proposições chamadas *singulares*. O objetivo da explicação científica é, no entanto, a busca de afirmações e teorias *universais*, cujo campo de aplicação seja o maior possível. O grande problema do indutivismo passa a ser, então, o da "passagem" das afirmações singulares para as universais. Como podem ser justificadas as afirmações e teorias gerais cuja base é um número limitado de observações?

A resposta do indutivismo (*ibidem*, caps. 1 e 2; Popper 1978; Salmon 1978) é que:

a) O número de observações levantadas para a generalização deve ser muito grande;

b) As observações devem ser feitas sob uma grande variedade de condições;

c) Não se admite que alguma das observações entre em conflito com a lei geral.

Estas três condições seriam necessárias para formar a base de sustentação da indução. A quantidade de observações e a variedade de condições em que são feitas permitiriam a generalização. A afirmação "Todo metal, quando aquecido, se dilata" seria, por exemplo, resultado da experimentação feita com muitos tipos de metal e em muitas condições diferentes. Mas não há garantia alguma de que no futuro não venha a ocorrer uma certa circunstância em que a afirmação seria falsa. Lembre-se da história dos cisnes brancos! Do ponto de vista lógico, portanto, a indução não se justifica porque não há como "passar" do limitado ao ilimitado.

Uma outra objeção ao raciocínio indutivo diz respeito à vaguidade da ideia de "grande número" de observações. Quantas observações devemos fazer para tornar o argumento aceitável? Existem circunstâncias em que uma única observação torna uma afirmação aceitável e às vezes nenhuma observação é necessária. Os exemplos da bomba atômica e de nêutrons são representativos. No primeiro caso, apenas a experiência de Hiroshima foi suficiente para demonstrar o efeito devastador da bomba atômica. No segundo caso, nenhuma demonstração foi feita, mas todos nós facilmente nos convencemos de seu poder. Então, o que é que permite sabermos quantas observações são suficientes para que façamos a generalização?

Devemos dizer que a resposta a essa questão não advém de nenhum processo indutivo. O ponto em que dizemos "isto é suficiente" não advém da experiência, mas de um conhecimento teórico da situação e de seu mecanismo operativo (Chalmers 1978), e esse conhecimento teórico é anterior à experiência.

Além das objeções sobre a inferência indutiva, existem também objeções quanto a uma das mais correntes crenças sobre os fundamentos do conhecimento. É do senso comum a afirmação de que a observação direta de fatos e fenômenos oferece a base segura a partir da qual se pode derivar qualquer conhecimento e decidir sobre afirmações duvidosas. Isso se deve às ideias de que o mundo exterior tem certas propriedades que lhe são inerentes e de que diferentes observadores, olhando o mesmo fenômeno, veem a mesma coisa (Hanson 1977).

Existem muitos exemplos que podem contradizer essa ideia. As Figuras *a*, *b* e *c* (p. 24) podem ilustrar isso. Essas figuras podem ser "vistas"

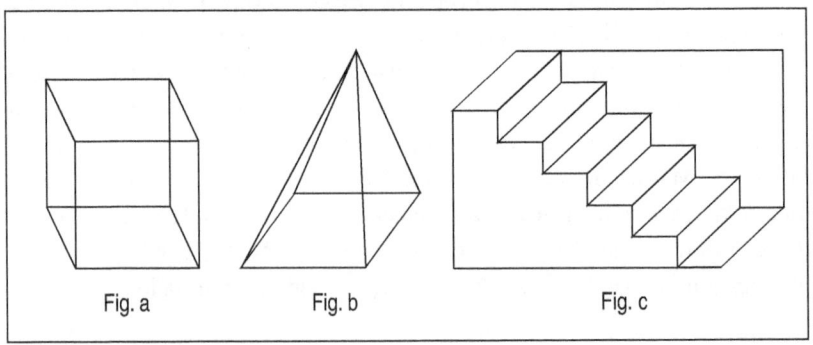

Fig. a   Fig. b   Fig. c

de diferentes maneiras: o cubo (Figura *a*) pode ser visto com sua perspectiva para a direita ou esquerda; a pirâmide (Figura *b*), com sua base vista por cima ou por baixo e a escada (Figura *c*), como se fosse para subir ou descer. Em qualquer dos casos, apesar de olharmos a mesma figura, não "vemos" a mesma coisa. A impressão que se fixa na retina pode ser a de uma única figura, mas a impressão que se forma na mente não o é.

Esses exemplos podem ser generalizados a ponto de podermos afirmar que a observação direta dos fatos não é algo tão seguro quanto à primeira vista se supõe. Em muitos casos, até mesmo componentes culturais, vivências pessoais e expectativas intervêm na observação, dando-lhe grande subjetividade. A maioria das pessoas já deve ter passado pela experiência de estar observando o mesmo objeto e, de repente, quando outro objeto diferente, mas semelhante, é introduzido na sequência, não o percebe como diferente. Tal é o caso de cartas de baralho (cartas de naipe de ouros, por exemplo) que são mostradas a um observador, mas dentro da sequência se introduzem cartas de copas. O observador não as nota porque sua expectativa de "ver" cartas de ouro condiciona sua sensibilidade visual.

Nos casos acima, nós pudemos olhar as figuras e imediatamente "vê-las" sob esta ou aquela perspectiva. Mas há casos em que não basta olhar a figura para "vê-la". É preciso que operemos uma inferência para que a figura faça sentido, como por exemplo em *d* e *e*.

Por si sós as figuras não dizem nada, a menos que já tenhamos uma expectativa ou prévia experiência para podermos inferir um resultado visual. Na Figura *d*, podemos afirmar que há um urso detrás do tronco ou nele apegado, e na Figura *e* podemos dizer existir muito mais do que manchas,

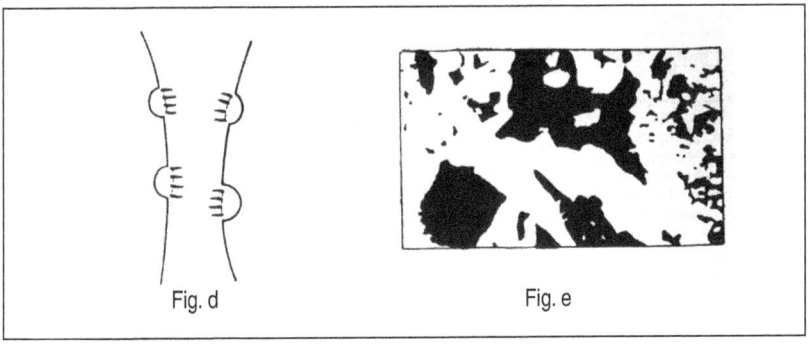

mas a figura de um homem barbado à semelhança de Cristo. Em ambos os casos a formação de uma imagem visual com sentido depende de um conhecimento anterior, que pode ser fruto de experiências sensoriais ou de mero aprendizado.

Decorrem disso problemas filosóficos extremamente complexos e interessantes. Até agora estivemos falando de *fatos* e de *observação* num sentido bastante corriqueiro e, mesmo assim, dificuldades apareceram. Imagine agora que um leigo entre num laboratório de física e observe alguns instrumentos em funcionamento, como, por exemplo, um circuito elétrico e um certo aparelho a ele interligado com um mostrador e uma agulha flutuante. Se pedirmos a ele para "observar" o que está ocorrendo ali e dizer exatamente o que "vê", certamente ele fará uma descrição dos objetos existentes e do movimento da agulha no mostrador do aparelho. Nada mais fará porque, para ele, não há nenhum fato a não ser os objetos visuais. No entanto, se pedirmos a um físico que observe a mesma coisa, ele não fará uma simples descrição dos objetos, mas falará de corrente elétrica, voltagens, resistências etc. Ou seja: grande parte das coisas a que ele se reportará não são objetos materiais. A mesma coisa aconteceria com um estudante de medicina que olhasse pela primeira vez uma radiografia do tórax de alguém e tivesse que dizer o que está "vendo". Uma resposta adequada não poderia ser dada porque ele não saberia a que coisas (conceitos e teorias) aquele conjunto de manchas se reporta.

Podemos dizer, então, que toda e qualquer observação pressupõe uma teoria, mesmo que esta seja de senso comum. Para sermos rigorosos, devemos dizer que não existem fatos independentemente de certo conjunto de proposições que permitem o seu entendimento. Todo fato pressupõe uma teoria, seja ela científica ou não. Os fatos só existem como tais para as teorias (Quine 1978a).

Isso não quer dizer que sempre e necessariamente diferentes teorias pressupõem diferentes fatos. Existe certo conjunto de fatos que podem ser considerados básicos e que são aceitos consensualmente pela comunidade científica num determinado período histórico. As interpretações e as "cadeias de cognição" nas quais os fatos são encaixados é que podem ser diferentes. Certas afirmações empíricas de primeira ordem como:

a) os metais, quando aquecidos, se dilatam;
b) os metais são bons condutores de eletricidade;
c) num recipiente fechado a pressão é diretamente proporcional à temperatura,

são exemplos de proposições básicas, aceitas universalmente. É por isso que às vezes dizemos com toda a naturalidade que "esta hipótese ou teoria contraria os fatos". As regularidades que observamos cotidianamente, e que já incorporamos como absolutamente naturais, geram a segurança necessária para apelarmos para os fatos quando desejamos descartar uma hipótese. Mas deve-se dizer que os fatos que hoje são básicos certamente não o foram no passado. Isso significa que, em algum momento da história, eles foram gerados e sustentados por uma teoria.

3. Em direção à ciência

Dissemos até agora aquilo que a ciência não é. Distinguimos a ciência do senso comum e procedemos a um exame sobre as crenças a propósito do conhecimento. Reconhecemos que os fatos e as observações pressupõem sempre teorias, sejam elas científicas ou não. Dessa forma, os significados dos conceitos dependem das teorias em que ocorrem. Numa teoria de senso comum, os conceitos podem ser vagos e contaminados por valores e doutrinas, mas numa teoria científica isso não é admissível. Os conceitos devem ter um significado preciso e devem remeter a outros conceitos correlatos e também precisamente definidos, de tal forma que as teorias formem estruturas mais ou menos "fechadas" de conceitos significativos e que se refiram a conjuntos específicos de fatos e fenômenos. Isto é, as teorias não se aplicam a quaisquer coisas, mas a campos específicos. Assim, o conceito de gene na teoria genética moderna, por exemplo, se aplica a um conjunto específico de fenômenos, que são os da reprodução, mas não serve para explicar – como na teoria racista de senso comum – a pretensa transmissão de características culturais e morais.

Ao citarmos uma passagem de *Ménon* de Platão, ficou claro que para Sócrates a ciência é um conhecimento "amarrado" e possui um encadeamento racional. Podemos começar afirmando, então, que a ciência se apresenta como conjuntos de proposições (teorias) coerentes, isto é, onde não há nenhum tipo de contradição interna. São proposições amarradas no encadeamento racional.

Em segundo lugar, as teorias são, tanto quanto possível, despidas de subjetividade e valorações. Digo "tanto quanto possível" porque esse é um problema histórico, determinado por certas circunstâncias extracientíficas. Veja, por exemplo, as circunstâncias de formulação e aceitação da teoria heliocêntrica de Copérnico, em cuja rejeição inicial a doutrina da Igreja Católica teve um importante papel. Esse problema é muito mais crucial nas ciências humanas, em que questões ideológicas e doutrinárias se misturam a questões científicas. A disputa ainda hoje existente entre funcionalismo e marxismo é um testemunho disso. A maioria das críticas que os partidários das teorias fazem uns aos outros baseia-se numa inadequada conexão entre a teoria e as posições políticas de seus formuladores, na qual se pressupõe que o resultado do trabalho de um conservador é, ele mesmo, conservador e o resultado do trabalho de um revolucionário é, por sua vez, revolucionário. Assim, grande parte da crítica às teorias é realizada pela crítica de seus formuladores. Esse, aliás, é um dos mais antigos tipos de erros que se pode cometer e que foi identificado por Aristóteles como a falácia *ad hominem*.

Podemos adicionar, ainda, outra característica às teorias científicas e é das mais importantes. É a característica de *solucionadoras de problemas*. Como acentuou Popper, a ciência começa com problemas. São problemas decorrentes de necessidades práticas tanto quanto de quebras de regularidades na natureza. Nós temos, segundo o autor, uma tendência inata para a ordem e regularidade e, quando essa expectativa não é satisfeita, somos induzidos a procurar explicações para ela. Quando os antigos notaram que nem todos os astros percorriam uma trajetória uniforme e que havia os chamados "astros vagabundos", iniciou-se um longo e minucioso trabalho de construção de explicações que culminou com a teoria da relatividade de Einstein. Quando os gregos construíram embarcações para navegar o Mediterrâneo e formularam os primeiros conhecimentos de náutica, logo perceberam que o caminho mais curto entre dois pontos não era uma linha reta traçada no mapa. Esse fato foi facilmente absorvido mais tarde por todos os navegadores europeus e induziu o aparecimento de discrepâncias na geometria até que geometrias não euclidianas foram desenvolvidas. Esses e outros exemplos podem ilustrar o caráter "problemático" da ciência.

Além de sugerirem problemas, as teorias devem – e efetivamente o fazem – *engendrar programas de pesquisa* (Lakatos 1979; Kuhn 1975) cujo destino tem sido, além de consolidar a teoria e fazê-la ocupar todos os espaços de explicação, contribuir para sua própria superação e, dessa forma, promover o crescimento e progresso do conhecimento. Um bom exemplo disso foi a teoria newtoniana. Ela foi formulada para explicar o movimento e a interação de corpos em termos de espaço e tempo. Para a mecânica, dadas a velocidade e a posição de um corpo, é sempre possível saber qual será sua posição e velocidade em qualquer outro ponto ou instante. O caráter preditivo da teoria era tão poderoso que, certa vez, Laplace afirmou que com a mecânica se poderia conhecer toda a história do universo, tanto a passada quanto a futura.

Foi exatamente usando esse potencial explicativo e preditivo da mecânica que Leverrier, utilizando simplesmente papel e lápis, descobriu Netuno. Todos conheciam as irregularidades da órbita de Urano, e Leverrier partiu do pressuposto de que os desvios de Urano tinham como causa a presença de uma grande concentração de massa – um outro planeta – cuja atração gravitacional estaria provocando tais mudanças. Começou, então, a calcular as dimensões do planeta, sua posição e massa e, por volta de 1842, forneceu as coordenadas do novo planeta (Cartier 1978). Do observatório de Berlim, o astrônomo Galle descobriu o novo planeta no exato lugar indicado por Leverrier. O sucesso de tal descoberta foi completamente impressionante, indicando a grandeza e o poder da mecânica.

Mas a história é curiosa. Pouco depois, Leverrier notou discrepâncias na órbita de Mercúrio e começou a trabalhar na mesma direção anterior, tendo até batizado o novo planeta – Vulcano – que estaria "atrapalhando" Mercúrio. A resposta, no entanto, não foi agradável. Não se descobriu nenhum planeta novo, e a própria mecânica newtoniana foi colocada em xeque para, a partir do início do século XX, desabar frente à relatividade. Ou seja, a mecânica foi (e ainda é) uma teoria extremamente fértil, que engendrou um amplo *programa de pesquisa* para a solução de muitos quebra-cabeças, até o momento em que os fatos não explicados pela teoria, as anomalias, eram tão numerosos que novas teorias tiveram que ser formuladas para explicar adequadamente a realidade. Com isso se garantiu também o progresso e o crescimento do conhecimento.

Finalmente, devemos discutir o aspecto observacional das teorias. Dissemos anteriormente que as teorias não derivam da observação e questionamos a própria ideia de observar, concluindo que a observação é precedida por algum tipo de teoria. No fundo, essa afirmação questiona um dos pilares da ciência moderna, que é o papel da expectativa na construção das teorias. Popper tem acentuado que as teorias científicas são conjecturas e não derivam da experiência. As grandes construções, como as de Newton, Darwin, Freud, Marx, Einstein e Bohr, são nitidamente de caráter conjectural e assim foram concebidas. Isso deriva do fato de que as teorias – quaisquer que sejam – são compostas de certos tipos de proposições que não se referem diretamente a observáveis: são os *conceitos teóricos*. Os conceitos de força, atração, inconsciente, valor, hádrons, léptons, causalidade, energia etc. são exemplos disso. Eles não se referem diretamente a entidades, mas a outros conjuntos de proposições (que, no caso dos léptons e hádrons, se confundem com as equações matemáticas que os descrevem) que acabam por formar as teorias às quais esses conceitos estão vinculados.

Os conceitos teóricos – que na maioria das vezes têm grande poder explicativo – constituem o cerne das teorias e as próprias conjecturas. A história da ciência está cheia de exemplos que mostram o papel dessas conjecturas na formação das teorias. Dois fascinantes episódios ocorridos entre os anos de 1637 – com a publicação dos *Diálogos concernentes às duas novas ciências*, de Galileu – e 1647 – com a experiência de Perrier para comprovar a ideia da existência da pressão atmosférica e de que esta varia com a altitude – mostram um pouco do processo de construção das conjecturas.

Galileu é considerado o pai da ciência moderna e do método experimental. No entanto, muitas das experiências a que se refere não foram realmente executadas, a não ser em pensamento. São as famosas "experiências de pensamento" (Bassalo 1984) que foram, mais tarde, popularizadas por Einstein. Alguns afirmam até que Galileu nutria um certo desprezo para com a experiência. Nos *Diálogos concernentes às duas novas ciências* ele chega a afirmar que "o conhecimento de um único fato adquirido através da descoberta das suas causas prepara o espírito para compreender e certificar-se de outros fatos sem a necessidade de recorrer à experiência" (*apud* Losee 1978, p. 68). Nesse sentido, é famosa sua formulação da teoria da queda livre dos corpos.

Para a teoria aristotélica, a velocidade dos corpos em queda livre depende de seus pesos, sendo que os corpos mais pesados caem mais depressa que os mais leves. Galileu contestou essa teoria, formulando um exemplo para mostrar que ela é contraditória. Tomou ele dois corpos de diferentes tamanhos e, portanto, com velocidades naturais diferentes. Se os dois corpos fossem unidos, o maior tenderia a arrastar o menor e este a retardar aquele. O resultado é que a união dos dois deveria diminuir a velocidade do sistema. Mas, por outro lado, se uníssemos os dois corpos, teríamos a formação de um terceiro corpo cujo peso seria a soma dos outros dois e, portanto, maior do que cada um deles. Logo, sua velocidade, por hipótese, seria maior. Isso é contraditório em relação às formulações iniciais e, para resolver o problema, Galileu supôs que a velocidade dos corpos não tem relação com seus pesos, mas com os tempos de queda. Daí para a frente ele pesquisou qual a relação entre a queda dos corpos deslizando em planos inclinados e os espaços percorridos para, em seguida, formular o conceito de inércia mediante nova experiência de pensamento. Essas conjecturas é que abriram caminho para o desenvolvimento da moderna ciência física.

Com a experiência de Perrier aconteceu algo semelhante. Explicava-se o comportamento das bombas aspirantes – cujo líquido sobe pelo cano em função da elevação do êmbolo – atribuindo-se à natureza a propriedade de ter horror ao vácuo. Era o chamado *horror vacui*. Torricelli e Pascal supuseram que esse fenômeno poderia ser mais bem explicado admitindo-se que o ar tem peso. Nesse caso, se subíssemos uma montanha, a pressão deveria ser menor, já que há menos ar em seu topo do que na sua base. Foi o que fez Perrier em 1647. Ele simulou as mesmas condições de um experimento para a base e o cume da montanha, constatando que no cume a pressão diminuía. A conjectura sobre a pressão atmosférica foi depois confirmada por outras experiências, como a de transportar um balão parcialmente inflado para o cume da montanha, onde ele se torna mais inchado.

Esse processo de formulação de conjecturas é também chamado de *contexto da descoberta*. As descobertas científicas são realizadas dos mais diferentes modos, segundo os quais intuições, acidentes, "chutes" etc. podem interferir decisivamente. De fato, não há uma lógica de descoberta, isto é, não há um método de fazer descobertas. Deve haver, no entanto, um método para testar as conjecturas, as teorias e as hipóteses, e esse é o chamado *contexto da justificação*.

Podemos concluir dizendo que as teorias científicas são *conjecturas* que se apresentam como *estruturas*, que fornecem explicações tanto para as regularidades como para as irregularidades da natureza. Essas estruturas engendram *programas de pesquisa*, em que novos fatos são incorporados ao campo de explicação, e este tende a ser sempre ampliado, até que esbarra em ocorrências que não podem ser explicadas pela teoria. O acúmulo dessas ocorrências pode provocar crises na teoria e, então, surgem novas conjecturas que tentam dar conta das discrepâncias. É essa a imagem kuhniana (Kuhn 1975) da ciência.

Até agora discutimos a problemática do conhecimento assumindo o conceito de *verdade* sem qualquer discussão. Isso, no entanto, não significa que tal conceito seja consensual ou que não tenha implicações na própria concepção de teoria e ciência. A ideia de verdade sempre mereceu grande atenção por parte dos filósofos e cientistas exatamente por sua íntima relação com o comportamento científico e, no fundo, com as próprias teorias. Discutiremos a seguir algumas interpretações sobre a verdade e sua relação com o desenvolvimento científico.

4. Referências bibliográficas

ALVES, R. (1983). *Filosofia da ciência*. São Paulo: Brasiliense.

ARISTÓTELES (1978). *Tópicos*. São Paulo: Abril. (Col. Os Pensadores)

BASSALO, J.M.F. (1984). "As 'experiências de pensamento' em física". *Ciência e Cultura*, 36 (3).

CARTIER, R. (1978). *O enigma do cosmo*. Rio de Janeiro: Primor.

CHALMERS, A.F. (1978). *What is this thing called Science?*. Queensland: University of Queensland.

FARRINGTON, B. (1949). *Head and hand in Ancient Greece*. Londres: Wats and Co.

_____ (1961). *A ciência grega*. São Paulo: Ibrasa.

FOUCAULT, M. (1975). *Doença mental e psicologia*. Rio de Janeiro: Tempo Brasileiro.

HANSON, N.R. (1977). *Padrones de descubrimiento*. Madri: Alianza.

KUHN, T.A. (1975). *A estrutura das revoluções científicas*. São Paulo: Perspectiva.

LAKATOS, I. (1979). "O falseamento e a metodologia dos programas de pesquisa científica". *In*: LAKATOS, I. e MUSGRAVE, A. (orgs.). *A crítica e o desenvolvimento do conhecimento*. São Paulo: Cultrix/Edusp.

LOSEE, J. (1978). *Introdução histórica à filosofia da ciência*. São Paulo: Edusp.

MYRDAL, G. (1970). *Objetividad en la investigación social*. México: Fondo de Cultura Económica.

PLATÃO (1970). *A república*. São Paulo: Hemus.

_____ (1978). *Fédon*. São Paulo: Abril.

_____ (s.d.). *Ménon*. Rio de Janeiro: Tecnoprint.

POPPER, K. (1974). *A sociedade aberta e seus inimigos*. São Paulo: Edusp.

_____ (1978). *Conhecimento objetivo*. São Paulo: Edusp.

_____ (1982). *Conjecturas e refutações*. Brasília: Ed. da UnB.

QUINE, W. (1978a). *Dois dogmas do empirismo*. Tradução de Marcelo da Silva Lima. São Paulo: Abril. (Col. Os Pensadores)

_____ (1978b). *Epistemologia naturalizada*. Tradução de Andréa Loparié. São Paulo: Abril. (Col. Os Pensadores)

SALMON, W. (1978). *Lógica*. Rio de Janeiro: Zahar.

VARGAS, M. (1975). *Metodologia da pesquisa tecnológica*. Rio de Janeiro: Globo.

WARTOFSKY, M. (1968). *Introdución a la filosofía de la ciencia*. Madri: Alianza.

II
MITO, METAFÍSICA, CIÊNCIA E VERDADE

Heitor Matallo Jr.

Existem muitas formas de conhecimento que partilharam e ainda partilham, juntamente com o conhecimento científico, o papel de realizar a explicação da realidade. São as formas artísticas, religiosas e mitológicas de conceber o mundo. Durante muitos séculos, essas várias formas de conhecimento se mesclaram e, em maior ou menor grau, se impuseram como formas dominantes na organização do pensamento.

Foi somente a partir do Renascimento que uma nova visão de mundo começou a rivalizar com as velhas concepções mitológicas, religiosas e metafísicas, oferecendo, pouco a pouco, novas referências para a organização do pensamento.

Dissemos anteriormente que os gregos fizeram uma distinção entre o saber mítico e o racional, embora não tivessem, na prática, conseguido operar essa diferença e criar um conhecimento científico independente. Essa tarefa foi executada, a partir do Renascimento, pelos chamados fundadores da ciência moderna: Copérnico, Descartes, Galileu e Newton. Embora não tivessem conseguido se libertar inteiramente da metafísica, cada um deles deu um passo decisivo no processo de formação da ciência moderna, questionando velhos dogmas e fornecendo uma nova direção e sentido às investigações.

Todo esse processo de formação da ciência moderna, que podemos caracterizar como *desantropomorfização da natureza*, coincidiu historicamente com o desenvolvimento do capitalismo e com a expansão ultramarina. Progressivamente, as transformações sociais econômicas e políticas repercutiram na cultura geral da época e foram produzindo novos padrões de referência. Enquanto na Idade Média a religião e as escrituras eram os paradigmas de pensamento, na Idade Moderna será a ciência que ocupará o lugar de honra na cultura.

As mudanças foram tão notáveis e as realizações da ciência e tecnologia tão incríveis que passou, inclusive, a existir a concepção de que as sociedades modernas, capitalistas, são estritamente racionais e científicas. Um pouco dessa concepção deriva da difusão da lei dos três estados, de Comte. Segundo ela, o desenvolvimento dos povos passa pelo desenvolvimento do espírito humano, que percorre três fases distintas: a teológica, a metafísica e a positiva. A fase positiva, que tem a ciência como suporte, procura explicar fatos e fenômenos com base na investigação empírica e na busca de relações constantes entre eles. O abandono da teologia e da metafísica – que baseiam suas explicações nas causas primeiras – é o marco, sendo Comte, da moderna civilização e indica o seu progresso. Mas vejamos mais de perto as diferenças entre mito e ciência.

Na introdução da enciclopédia *Larousse World Mythology* (1965, p. 9), Pierre Grimal coloca a questão entre mito e ciência da seguinte forma:

> É objetivo do mito, assim como da ciência, explicar o mundo, fazer seus fenômenos inteligíveis. Como a ciência, seu propósito é suprir o homem com os meios de influenciar o universo, de permitir sua apreensão material e espiritual. Dado um universo cheio de incertezas e mistérios, os mitos intervêm para introduzir um elemento humano.

Ou seja, os mitos, tanto quanto a ciência, pretendem responder à nossa necessidade de dar ordem e coerência ao mundo. Mas, então, mito e ciência são semelhantes? De fato *não* o são, apesar dessa pretensão geral de suprir uma mesma necessidade.

Uma das principais características da visão mítica do mundo é o seu humanismo, pelo qual desejos e vontades são atribuídos à natureza. Na teoria aristotélica, por exemplo, os objetos físicos têm um desejo, uma vontade de permanecer no lugar que, por natureza, lhes foi destinado. Para Aristóteles, os objetos são formados a partir dos quatro elementos principais que ocupam seu lugar *natural* no mundo sublunar. A terra é o elemento mais pesado e, por isso, está abaixo dos outros. A água é mais pesada que o ar, mas é mais leve que a terra e, por isso, fica acima desta. O ar fica acima da água e o fogo acima do ar. Qualquer objeto do mundo sensível é composto de um deses quatro elementos, ou de uma combinação deles, e, portanto, tem seu lugar natural a depender da proporção que cada elemento ocupa na sua composição. Assim, qualquer objeto, quando retirado de seu lugar natural, o repouso, deve voltar a ele para satisfazer uma vontade da natureza. A terra, por exemplo, está imóvel no centro do universo porque "já caiu" em virtude de seu peso. A teoria do movimento de Aristóteles se baseia – no que diz respeito ao mundo sublunar – na sua concepção da composição da matéria, segundo a qual corpos com diferentes pesos têm diferentes velocidades em queda livre, e – no que diz respeito ao mundo sublunar (dos astros) – na ideia de que o céu é a morada dos deuses e, por isso, os astros têm um movimento perfeito, circular e uniforme.

A visão mítica fornece uma espécie de "quadro do mundo" para que possamos refletir sobre ele, empreender ações que sejam coerentes, embora possam parecer contraditórias ou incompreensíveis. Uma guerra entre povos tradicionalmente pacíficos pode ser empreendida se fizer sentido numa concepção geral de mundo. As cruzadas e as guerras religiosas, por exemplo, foram feitas pelos cristãos, que tinham como um de seus mandamentos o "não matarás".

Num certo sentido, a cosmologia e o senso comum – de que falamos no capítulo anterior – são equivalentes. Podemos dizer que uma cosmologia comporta um ou mais sistemas religiosos e mitológicos, bem como várias espécies de conhecimentos empíricos que vigoram como verdadeiros numa certa época. Nas sociedades míticas, a ideia de verdade é instaurada pela própria cosmologia.

Entre os gregos, por exemplo, a verdade era dada pela voz do enunciador e, quando posta em dúvida, gerava um processo que saía da órbita humana para ser resolvido pela vontade dos deuses. Foucault (1973) mostra esse aspecto tomando um episódio narrado por Homero na *Ilíada*. É a disputa entre Antíloco e Menelau quando dos jogos comemorativos da morte de Pátrolo. Os dois contendores disputavam uma corrida de carros e no circuito foi colocada uma espécie de fiscal, uma testemunha, que se encarregaria da regularidade da corrida. Antíloco venceu a disputa, mas Menelau o contestou, afirmando que ele cometera uma irregularidade. Em vez de chamar a testemunha para dirimir a dúvida, Menelau desafiou Antíloco a fazer um juramento a Zeus de que não havia cometido nenhuma infração. Antíloco se recusou a jurar inocência, mostrando assim a sua culpabilidade. Se ele houvesse jurado "falso", a responsabilidade pela instauração da verdade caberia a Zeus, que o teria fulminado com um raio. Esse tipo de prova *recusa a testemunha, a evidência*, e transpõe sua eficácia para um plano superior, onde um deus onipotente sempre se manifesta para manter a verdade. Na Idade Média, essa forma de solução de disputas também foi muito comum.

Se pensarmos na universalidade desse procedimento na Grécia e, depois, na Idade Média, podemos explicar – pelo menos em parte – a ausência do desenvolvimento do método experimental. A ciência aristotélica foi observacional, mas não experimental, e a autoridade de seu postulante não foi questionada até o Renascimento. Zeus não poderia deixar Aristóteles cair em erro, assim como, para o Deus cristão, as escrituras e são Tomás de Aquino não poderiam errar. Apesar dessa característica geral da época, os gregos estabeleceram claramente as regras de conhecimento. Este deveria ser formulado em termos de *encadeamento racional* e de *verdade*.

Os gregos submeteram as explicações teóricas ao mito de criação do universo e a uma tentativa de formar uma imagem global da composição da matéria. Assim, a cosmologia, ou visão mítica do mundo, foi dissolvida na ciência grega, em sua filosofia e em sua metafísica. Platão – que nos deixou uma admirável reflexão filosófica – estava filiado à tradição hermética que tinha em Pitágoras e seu culto aos números um inspirador.

É preciso que se diga que a mitologia não se confunde com a metafísica. A metafísica, como modernamente é entendida, é uma forma de saber que também não se submete à verificação. Suas afirmações não podem ser empiricamente comprovadas (ou falsificadas) porque tratam da suposta natureza das coisas, da natureza do ser. No entanto, pode-se notar que todas as teorias são construídas tendo como base enunciados metafísicos filosóficos. Isso decorre, de um lado, de que qualquer teoria está inserida numa certa episteme, que institui valores e critérios que acabam por comandar procedimentos científicos (vimos há pouco a recusa à evidência dos gregos). De outro lado, as teorias criam uma espécie de cinto de proteção (Lakatos e Musgrave 1979) para seus enunciados factuais. Tomemos dois exemplos das ciências humanas: as teorias de Hobbes e Rousseau sobre a sociedade e as formas de governo. Os dois autores são considerados contratualistas, isto é, suas teorias partem da ideia de que a sociedade vive sempre dois momentos. O primeiro deles é prévio a qualquer tipo de acordo de convivência social e, por isso, é chamado de *estado de natureza*. Nesse momento os homens vivem segundo a ordem dos instintos e não há propriamente sociedade. O segundo momento é posterior a uma espécie de acordo para formalizar as regras da convivência social e, por isso, é chamado de *estado de sociedade*. A passagem do estado de natureza para o estado de sociedade é feita mediante um *contrato social* e, nesse contrato, os homens alienam suas vontades ao *soberano*, que as administrará como *vontade geral*. Só que, para Rousseau, a vontade geral se expressará em termos de *democracia* e, para Hobbes, em termos de *absolutismo de Estado*. Por que essa diferença? As razões disso estão nos pressupostos metafísicos sobre a natureza dos homens.

Para Rousseau, os homens nasceram livres, iguais, e são por natureza bons, o que permitirá que sua associação seja – desde que obedecidas as regras instituídas pelo contrato – igualitária e libertária. Para Hobbes, ao contrário, os homens são mesquinhos, individualistas e objetivam unicamente a própria felicidade, sendo que esta é conseguida quando se exerce *poder*. Com uma tal natureza, os homens se consumiriam em guerras e disputas, inviabilizando qualquer tipo de associação. Daí a necessidade de um contrato em que todos alienariam suas vontades com o fim de preservar a espécie. Pode-se entender também por que, para Hobbes, o governo deve ser exercido pelo menor número de pessoas possível. É que o aumento de seu número voltaria a gerar o processo de disputas pelo poder, e isso se expandiria para toda a sociedade, colocando em risco a sua sobrevivência.

Nas ciências naturais, o papel da metafísica também pode adquirir grande importância. São conhecidas as razões que influenciaram o surgimento da ciência moderna e, em especial, a aceitação da teoria copernicana (Burtt 1983). Copérnico postulava que o Sol estava no centro do universo e que a Terra e os outros astros circulavam ao seu redor por vários motivos, mas entre eles os de que:

a) O Sol deve estar no centro porque irradia luz e é mais excelente do que os outros astros que não a têm;

b) O Sol é a morada de Deus porque está no centro de tudo;

c) Se o movimento dos astros é perfeito, por ser circular e uniforme, então com muito mais razão a Terra deve girar. Deus não faria o seu próprio astro menos perfeito do que os outros.

Quando Kepler passou a trabalhar sobre a hipótese copernicana, seu entusiasmo radicava-se na *beleza* do sistema e na possibilidade de encontrar harmonias matemáticas, resquício da influência pitagórica que ainda se mantinha na Idade Média.

As questões metafísicas, no entanto, não cessaram de exercer influência entre cientistas famosos. Exemplo disso foi a polêmica travada por Einstein-Bohr sobre a mecânica quântica, em que um dos argumentos utilizados por Einstein para a não aceitação do princípio da incerteza e das soluções probabilísticas era de que no micromundo todo evento é univocamente determinado, pois o "Senhor não joga dados" (Brown 1984).

Assim, as afirmações empíricas ou normativas das teorias se baseiam nessa suposta característica intrínseca do ser humano ou da natureza e protegem as teorias de certos questionamentos. Toda vez que se colocar em xeque um conceito ou uma proposição – por exemplo, a de que os governos devem ou não ser democráticos, ou de que o princípio de incerteza não é aceitável –, a resposta-chave vai ser procurada *fora* das teorias, vai ser procurada na metafísica subjacente a elas.

Os conhecimentos mítico, metafísico e suas variantes em termos de teorias pré-científicas prescindem, como vimos, da ideia de *verificação*, um dos pilares do conhecimento científico. É impossível verificar uma hipótese como a de que o céu é a morada dos deuses, ou de que os objetos têm seu lugar natural, ou ainda de que a alma é imortal. Uma das coisas que diferenciam o conhecimento científico das outras formas de discurso (mítica, religiosa e poética) é o fato de que suas afirmações podem ser verificadas, podem ser *testadas*. Esse é, aliás, o critério de *demarcação* entre ciência e não ciência (Alves 1983; Popper 1977).

Uma hipótese ou teoria que, por princípio, não pode ser testada, não deve ser incluída no rol da ciência. Isso porque, se ela não pode ser testada, também nada podemos saber sobre seu valor de verdade. Ela passa a ser simples objeto de valoração, mas não de ciência.

Vimos, no capítulo anterior, as diferenças entre as proposições sobre as quais podemos dizer se são verdadeiras ou falsas e aquelas sobre as quais não podemos. Há outro tipo de proposição que, pela sua própria forma, não pode ser verificada. É aquela que é verdadeira independentemente dos acontecimentos da realidade. A proposição "poderá ou não chover hoje" é um exemplo disso. Qualquer que seja o comportamento climático, ela será verdadeira. Esse tipo de proposição – cuja forma lógica é (pv Øp), onde *p* é uma proposição qualquer – é chamada de tautologia.

Existem hipóteses ou teorias que podem ser verificadas em princípio, mas não é possível verificá-las na época de sua formulação. Um dos postulados da teoria da relatividade era de que a luz poderia ser deflectida em presença de grandes concentrações de massa. Esse resultado teórico (Brown 1984), alcançado em 1915, só pôde ser verificado em 1919, quando de um eclipse do Sol, já que as dimensões das massas envolvidas no experimento de comprovação dessa teoria não poderiam ser reproduzidas em laboratório. O fato é que esse experimento era crucial para a teoria, ou seja, poderia derrubá-la caso os resultados não fossem satisfatórios. A ideia de *experimento crucial* surge quando existem teorias concorrentes sobre um mesmo fenômeno e é preciso decidir por uma delas. O experimento de Lavoisier para testar a existência do flogístico foi crucial para o seu abandono. A pesagem inicial e final dos metais submetidos à combustão mostrou que, depois de queimados, os produtos pesavam mais do que antes, tornando falsa a antiga hipótese de que na combustão o flogisto se desprendia da matéria.

É interessante notar, no entanto, que há um certo expediente utilizado como forma de preservar da falsificação a teoria ou hipótese que está sendo testada. É a utilização das chamadas hipóteses *ad hoc*. São as hipóteses auxiliares introduzidas para salvar a teoria de uma evidência contrária. Quando Lavoisier[1] mostrou que o peso do resíduo da combustão era maior do que o peso do material antes do processo, os adeptos do flogisto passaram a defender a hipótese de que este tinha "peso negativo" e, portanto, compensaria positivamente depois da queima. Depois da experiência de Perrier, os plenistas diziam que o *horror vacui* da natureza manifestava-se no barômetro de Torricelli através de um fio invisível preso ao topo do tubo e que sustentava o mercúrio. Esse fio era o funículo. Ele era invisível e, por isso, não poderia ser jamais *verificado*.

Existem muitos casos e teorias que se sustentam pela inclusão de novas hipóteses *ad hoc*, chegando até a imunização completa. Nesse momento a teoria não mais poderá ser testada, deixando de pertencer ao domínio da ciência.

1. Da verdade

Em toda a nossa discussão está implícito que existe alguma coisa que pertence à realidade e alguma coisa que constitui um discurso sobre essa realidade. A ideia de *verdade* aparece, então, como a *correspondência* existente entre esse discurso e a realidade. Aristóteles foi o primeiro pensador a formular essa relação quando definiu a verdade como "dizer do que é, que é, e do que não é, que não é" (Mora 1986).

Há, no entanto, um outro sentido para verdade. É quando de sua aplicação a uma realidade. Diz-se de uma realidade que é verdadeira em oposição à aparente, ilusória etc. Essa tradição de pensar a verdade foi inaugurada por Platão com sua teoria das formas (Capítulo I) e a pressuposição de que existe uma essência verdadeira e permanente em oposição às aparências, que são fugazes e enganadoras. Atingir a verdade

---

1. Estes episódios foram narrados por Hempel 1981.

seria, então, atingir a essência da realidade. Não está em questão aqui o modo como isso será feito, que é necessariamente pela utilização da linguagem como um mero código de interposição entre a realidade e o sujeito conhecedor, mas sim o fato de que haverá um processo de clarificação do real, eliminando-se tudo aquilo que esconde a essência dos fenômenos, que é permanente e verdadeira. Essa concepção é também chamada de *ontológica*, por identificar a verdade com o *ser* (no sentido de existir) da realidade. Para Platão, assim como para os modernos essencialistas Hegel e Marx, somente a essência adquire o estatuto de permanente e, portanto, cognoscível. As aparências são mistificadoras e escondem a verdadeira natureza das coisas.

Essa concepção da verdade tem muitas consequências epistemológicas. A primeira delas é que a verdade – quando encontrada – será *definitiva*, pois a essência é permanente. Assim, verdade e essência coincidem, emprestando à teoria uma característica ontológica que por si só já oferece uma tendência à imunização. Se uma teoria é verdadeira porque atingiu a essência da realidade, então não pode ser refutada. Em segundo lugar, se uma dada teoria é considerada verdadeira, então não há nenhum motivo para que se realizem *pesquisas*, pois a essência já é o conhecimento integral e último da realidade. Essa concepção é inibidora da busca de novos conhecimentos e, portanto, do desenvolvimento científico. Há ainda outra característica do essencialismo, que é uma certa visão conspiratória do mundo, coisa que foi bem acentuada por Popper (1982). Se a verdade existe, por que não se instaura, não aparece? É necessário, dizem os essencialistas, que se faça sempre um enorme esforço para desvendar a realidade de sua aparência e falsidade, mas o engano e o erro retornam sob outra forma. É como se houvesse uma constante luta entre o erro e a verdade, e esta última perdesse por causa dos interesses egoístas de alguns homens ou classes. A concepção marxista é a típica representante dessa visão, em que o interesse de classe burguês conspira contra a instauração da verdade (seja no campo teórico, seja no prático) e do progresso da humanidade.

Mas voltemos à nossa discussão da verdade como *correspondência* entre fatos e teorias. Discutimos, no capítulo anterior, essa relação e mostramos a vulnerabilidade da ideia de "fato", mesmo daqueles considerados básicos. Se a verdade é a correspondência com os fatos, então, uma vez encontrada uma teoria que lhes corresponda, teremos o seu estabelecimento. Mas quantas verdades não foram abandonadas! Quantos fatos e teorias que pareciam definitivamente consolidados não foram corrigidos ou abandonados!

A história da ciência tem mostrado que não existe uma "coisa" (teoria, proposição ou fato) que possa seriamente ser designada como verdadeira. Existem teorias, proposições e fatos que *hoje* são verdadeiros, ou o são relativamente a certa perspectiva, a certo contexto. Isso significa que, por princípio, todas as teorias, proposições ou fatos que hoje consideramos verdadeiros podem deixar de sê-lo amanhã. Nós jamais teremos a completa e absoluta certeza de termos atingido a verdade (Popper 1978). Por mais que uma teoria tenha evidências comprobatórias, não há nenhuma garantia de que um fato novo não venha a falsificá-la. Há uma assimetria – como acentuou o autor (*ibidem*) – entre a confirmação e a falsificação. Esse princípio mostra que uma teoria não fica mais forte nem melhor com a inclusão de novos resultados que a confirmem. Mas, ao contrário, um único fato que lhe seja contrário é suficiente para falseá-la.

Poderíamos caracterizar a tese da verdade como correspondência como a *tese dos dois mundos*: o mundo dos fatos e o mundo das ideias sobre os fatos, das proposições e teorias.[2] Segundo essa concepção, o mundo das proposições e teorias "fala" sobre o mundo dos fatos e tenta representá-lo o mais fielmente possível. A história da ciência revelaria esse esforço de representação, bem como a sucessiva aproximação em direção à verdade, na medida em que se aproximaria da "representação fiel dos fatos". Nessa medida, seria sempre possível – para essa concepção – atingir a verdade, pois bastaria a formulação de uma teoria que representasse fielmente os fatos.

Já discutimos a ideia de fatos e mostramos que eles dependem das teorias. Não há esse pretenso mundo dos fatos como algo constante e imutável. Podemos dizer que os dois mundos não são independentes como

---

2. Há duas revistas que tratam exclusivamente sobre a verdade: *Manuscrito* e *Revista Filosófica Brasileira*.

o realismo ingênuo supõe. Mas, então, o que podemos aceitar como sendo a verdade da *Verdade*?

Desde meados do século XIX vem ocorrendo um distanciamento e um crescente abandono da noção de verdade no campo das ciências naturais. O rápido progresso científico e a refutação das grandes teorias clássicas, paradigmas de verdade e coerência, geraram certa instabilidade na ciência. Como postular a veracidade de uma teoria se, a qualquer momento, ela pode ser refutada e substituída por outra? Isso levou à caracterização das teorias (principalmente na física) como meros *instrumentos* de entendimentos dos fatos e não propriamente como verdades sobre eles.

De qualquer maneira, a concepção da verdade como correspondência entre os fatos e as proposições e teorias é aceitável desde que sejam feitas algumas ressalvas:

a) Não existem dois mundos contrapostos como o dos fatos e o das teorias. Eles são interdependentes;

b) Não podemos chegar a verdades definitivas;

c) Os fatos básicos são aceitos convencionalmente e podem ser modificados com o avanço da ciência;

d) Uma teoria será verdadeira não por estar adequada à realidade, mas por explicar certas ocorrências melhor do que outras teorias concorrentes, ou por não ter sido falseada.

Com essas ressalvas nos aproximamos da concepção popperiana da verdade, isto é, a de que não temos nenhuma garantia de a termos atingido. Essa conclusão pode parecer um pouco pessimista ou até mesmo decepcionante. No entanto, sua aceitação nos parece uma condição fundamental de aceitação do progresso científico. Como poderíamos aceitar o fato de que a ciência se modifica, progride, se não aceitarmos que as verdades são transitórias?

2. Referências bibliográficas

ALVES, R. (1983). *Filosofia da ciência*. São Paulo: Brasiliense.

BROWN, H. (1984). *Einstein*. São Paulo: Brasiliense.

BURTT, E.A. (1983). *As bases metafísicas da ciência moderna*. Brasília: Ed. da UnB.

FOUCAULT, M. (1973). *A verdade e as formas jurídicas*. Rio de Janeiro: Ed. PUC.

GRIMAL, P. (1965). *Larousse world mythology*. Londres: Hamlyn.

HEMPEL, C. (1981). *Filosofia da ciência natural*. Rio de Janeiro: Zahar.

LAKATOS, I. e MUSGRAVE, A. (orgs.) (1979). *A crítica e o desenvolvimento do conhecimento*. São Paulo: Cultrix/Edusp.

MANUSCRITO (1983). Revista internacional de filosofia, vol. VI, Unicamp.

MORA, J.F. (1986). *Dicionário de filosofia*. Madri: Alianza.

POPPER, K. (1977). *Autobiografia intelectual*. Brasília: Ed. da UnB

_____ (1978). *A lógica da pesquisa científica*. São Paulo: Cultrix.

_____ (1982). *Conjecturas e refutações*. Brasília: Ed. da UnB.

REVISTA FILOSÓFICA BRASILEIRA (1986). Vol. III, n. 1. Rio de Janeiro: UFRJ.

III
A EXPLICAÇÃO CIENTÍFICA

Heitor Matallo Jr.

O tema da explicação científica surge dentro de uma expectativa que já foi abordada nos capítulos anteriores, que é a da busca da universalidade e da formulação das leis sobre as regularidades. Nesse sentido, uma primeira aproximação para uma discussão mais detalhada surge com uma noção que é muito comum tanto entre cientistas como no pensamento comum. É a noção de causalidade que passaremos a discutir.

1. Causalidade

Começaremos nossa discussão apelando novamente para Platão, que por intermédio de *Ménon* (s.d.) nos diz:

> Pois estas (as opiniões certas), enquanto permanecem, valem um tesouro e só produzem o que é bom; mas não consentem em permanecer muito tempo na alma do homem e não demoram muito

a escapar, a fugir, o que faz com que não tenham muito valor até o instante em que o homem as amarra, as encadeia, as liga por um raciocínio de *causalidade*.

Nessa citação aparece uma ideia que não tínhamos trabalhado ainda. É a causalidade.

A noção de causa atingiu um lugar importante tanto no senso comum como na ciência. Todos nós usamos cotidianamente expressões em que um princípio de causalidade é o *motu* da explicação. Digo "um princípio" porque não há uniformidade em seu uso, como, por exemplo, quando dizemos:

1) Maria se casou com Paulo por causa de seu dinheiro.

2) Os milagres têm causa desconhecida.

3) O universo existe somente através de Deus.

4) O aumento da pressão de um gás em volume constante ocasiona um aumento de sua temperatura.

5) A toda ação corresponde uma reação de igual intensidade e de sentido contrário.

6) A radioatividade causa mutações genéticas.

7) A crise econômica, a agitação social e a corrupção geraram o golpe de 1964.

8) A ingestão de 5 g de cianureto causa inevitavelmente a morte nos animais com peso inferior a 350 kg.

Todos os exemplos apresentam alguma espécie de *relação* entre eventos diferentes. O exemplo 1 relaciona, em um caso particular, o dinheiro de Paulo com um casamento. A relação é de caráter acidental, pois se refere a um único caso e não pode ser estendida, como fator explicativo, a outros casamentos. O exemplo 2 é um estranho caso de uma relação na qual só se conhece um dos componentes. Nesse caso, há uma suposição apriorística de que existe um evento anterior tal que é o responsável e o gerador do milagre. O exemplo 3 é o de uma causa primeira e necessária que gera todos os outros eventos do mundo. Nesse caso, qualquer evento pode ser reduzido a uma série cujo primeiro fator é Deus. No exemplo 4, o aumento da pressão não causa um aumento de temperatura, pois pressão e temperatura são expressões de uma única e mesma coisa, que é a energia cinética das moléculas. Assim, quando aumenta a energia cinética das moléculas de um gás a volume constante, isso vai ser refletido no aumento da pressão e da temperatura. Aqui não há um "antes" e um "depois". São eventos concomitantes e, pela própria forma do enunciado, universais. Da mesma forma é o exemplo 5. A aplicação de uma força não causa um outro evento que seria a reação contrária. Só podemos dizer que uma força de tal magnitude e em tal direção foi aplicada porque há uma força em sentido contrário e de mesma intensidade a obstruí-la. Nesse caso também não há um "antes" e um "depois". Nos casos 4 e 5, as afirmações são invariantes e de caráter necessário, aparecendo como leis.

Os exemplos 6, 7 e 8 são diferentes dos anteriores. No exemplo 6, afirma-se que existe uma relação entre fenômenos, mas não se pode afirmar "como" nem "quanto" o evento radioatividade causa o evento mutação. Nesse caso, a relação aparece como necessária, mas indeterminada. O exemplo 7 expressa um evento que é multideterminado, isto é, existem várias causas, mas não se sabe a importância específica de cada uma delas na determinação do fato. Nesse caso não se pode estabelecer uma relação de invariância entre as condições do fato e o próprio fato, já que se trata de um evento particular. Mesmo que formulássemos uma proposição geral na qual aparecessem somente as condições gerais iniciais e o fato "golpe de Estado", como em "A crise econômica, a agitação social e a corrupção geram golpes de Estado", isso seria facilmente falsificado, pois existem exemplos em que as condições estão dadas e não há golpes de Estado. Em ambos os casos aparece a ideia de sucessão, em que um evento anterior causa um outro evento posterior. Aqui se nota o "antes" e o "depois" do processo.

O exemplo 8 – que é do mesmo tipo do anterior – tem, no entanto, uma diferença que é expressa pelo fato de ser um fenômeno quantitativamente preciso em sua determinação, de tal maneira que sabemos o "como" e o "quanto" de certa substância causam a morte em certos animais.

Analisando os exemplos anteriores e agrupando-os segundo as características comuns, podemos destacar três tipos de uso para o conceito *causa*:

a) Relação acidental entre eventos diferentes (exemplos 1 e 7).

Esse tipo de utilização de causalidade é próprio das explicações de senso comum. Não há a preocupação de formular uma lei invariante que possa ser útil na explicação de outros eventos similares. Por isso, esse tipo de utilização está fora da ciência. Mesmo o exemplo 7 é só aparentemente científico. A simples enumeração do que se supõe serem as causas do golpe de 64 não transforma a proposição em verdadeira. Ademais, a proposição – mesmo que transformada numa proposição universal, como na descrição do exemplo 7 – seria factualmente falsificada. Ela pode, no entanto, ser utilizada (como de fato o é) nas descrições dos períodos históricos, mas como fator explicativo é de muito pouco valor.

b) Relação invariante e necessária entre eventos diferentes (exemplo 6).

Essa é a forma mais tradicional de entendimento de causalidade e, em sua genealogia, encontra-se o pensamento grego como o mais importante precursor. A ideia que aparece como principal é a ocorrência de eventos sucessivos no tempo e de que tal sucessão tem caráter necessário, isto é, dado certo evento A, ocorre sempre um outro B.

Essa interpretação de causalidade tem um importante papel na explicação científica porque permite, de um lado, a previsão de uma ocorrência e, de outro, a inferência de que um evento ocorreu no passado com base na análise do presente. O exemplo 6 representa uma lista de outras situações similares como em:

- movimentos tectônicos geram terremotos;
- o excesso de iodo provoca distúrbios na tireoide;
- a produção científica reduz a dependência tecnológica;
- a escassez de alimentos provoca aumentos inflacionários, em que a regra é o estabelecimento de uma relação não determinada, de modo que, dado o evento A (nos casos acima a primeira parte de cada proposição), é possível saber que ocorrerá o evento B (a segunda parte da proposição), mas não de forma precisa. Sabemos que irá ocorrer, mas não sabemos quando.

Essa forma geral de causalidade – como um princípio que estipula uma relação qualitativa entre eventos, sem que seja possível a sua determinação precisa – foi amplamente utilizada por todos os pensadores antes do nascimento da ciência moderna. Mas o desenvolvimento da ciência nos séculos XVI e XVII não se conformou com a vaguidade do princípio e engendrou uma nova exigência: foi a *determinação* dos fenômenos.

c) Relação invariante, necessária e determinada entre eventos diferentes (exemplos 4, 5 e 8).

Aqui começa verdadeiramente a explicação científica. É o momento em que uma relação pode ser não apenas estipulada, mas também determinada, isto é, podemos dizer o "como", o "quando" e o "quanto" da relação.

Historicamente, foi a teoria newtoniana a primeira formulação estruturada em termos de um determinismo causal estrito e com o instrumental adequado para realizar as tarefas de uma teoria científica tal como concebemos hoje. Essa teoria ofereceu uma imagem do mundo como totalmente previsível e passível de conhecimento desde que as condições iniciais de posição e velocidade dos corpos fossem conhecidas. A estruturação da mecânica se fez tendo por base as conhecidas três leis de Newton, que durante muito tempo todos pensaram ser insuperáveis. E isso devido ao fato de que elas apareceram como verdadeiras leis da *natureza*. Não se imaginava que elas pudessem, um dia, ser falsificadas ou mesmo abandonadas em favor de uma teoria melhor. Aliás, até hoje se aprende nas escolas a mecânica clássica e não a relativística.

Vimos no capítulo anterior que a ideia de verdade muitas vezes foi tomada como absoluta por uma incorreta identificação entre teoria e realidade. Quando se pensa que uma determinada realidade está totalmente expressa numa teoria e que podemos indistintamente falar de uma e de outra como equivalentes, então estamos prontos a nos chocar com uma nova descoberta que não se encaixe na teoria e até mesmo a recusá-la. Essa confusão deriva de uma identificação errônea que, às vezes, se faz entre a linguagem e a realidade. No caso do princípio de causalidade, essa confusão já foi tanto cometida quanto extensamente criticada. Nos três tipos de interpretação da causalidade que abordamos, podemos notar que foi estendida a um "princípio do entendimento" uma característica que em filosofia se denomina de *estatuto ontológico*, ou seja, uma característica das coisas. Assim, tanto os fenômenos que se quer explicar quanto o princípio que os explica acabam por ter o mesmo *status*: o de existirem *na natureza* (Nagel 1978; Wartofsky 1968).

Essa posição amplamente difundida e defendida pelos escolásticos, foi primeiramente criticada por David Hume em seu livro *Investigação sobre o entendimento humano*, publicado em 1749. Empirista radical, Hume criticou severamente a ideia da causalidade como uma concepção apriorística e injustificada da relação entre fenômenos. Para ele, o que chamamos de causas e efeitos nada mais é do que acontecimentos que se sucedem no tempo e que nós nos *habituamos* a ver juntos. O efeito sempre difere radicalmente da causa e não há nenhum indício de um fenômeno no outro. Portanto, se deparamos com um fenômeno nunca antes visto, nunca saberemos o que lhe sucederá ou o que o antecedeu, porque é só a experiência que pode nos fornecer a ideia de sucessão e, portanto, de *causalidade*. Diz Hume (1978, p. 153):

> Toda crença numa questão de fato ou de existência real deriva de algum objeto presente à memória ou aos sentimentos, e de uma conjunção habitual entre esse objeto e algum outro. Ou, em outras palavras: após descobrir, pela observação de muitos exemplos, que duas espécies e objetos, como a chama e o calor, a neve e o frio, aparecem sempre ligadas, se a chama ou a neve se apresenta novamente aos sentidos, a mente é levada pelo hábito a esperar o calor ou o frio e a *acreditar* que tal qualidade realmente existe e se manifestará a quem lhe chegar mais perto.

Assim, para Hume, o princípio de causalidade não é da natureza, mas de uma expectativa psicológica que nós criamos e alimentamos.

O ceticismo de Hume quanto às explicações causais foi seguido por Bertrand Russell (1977), que aprofundou sua crítica. Ele começou por questionar as próprias ideias de *evento* e de *sucessão*, mostrando que ambas só resistem quando são definidas sem precisão. Em primeiro lugar, porque o que chamamos de "evento" depende do estágio de nossos conhecimentos e não da própria natureza. Quando dizemos, por exemplo, que todos os corpos caem, estamos fazendo uma afirmação que só servirá à ciência moderna se for seguida de dados sobre a velocidade da queda, do tempo e da variação dessa velocidade em relação à altitude e à latitude. Isso porque – diferentemente do estágio pré-científico, quando a explicação era apenas qualitativa e/ou metafísica – a queda dos corpos é um fenômeno explicável quantitativamente. Além disso, seu estudo só poderá ser realizado eficazmente se levarmos em conta as variáveis intervenientes, como, por exemplo, a altitude. Pois, a depender da altitude, nem mesmo poderá haver queda.

A segunda crítica de Russell foi em relação à sucessão. Segundo ele, a causalidade se pauta na ideia de que entre a causa e o efeito existe um certo intervalo de tempo (*t*) que é finito. Mas se existe um intervalo de tempo entre duas ocorrências, então, o que acontece (ou existe) nesse intervalo? Se acontecer (ou existir) alguma coisa, então essa "coisa" é que será anterior ao efeito e não a causa pressuposta. Se levarmos o argumento às últimas consequências, poderemos ainda dizer que entre a causa e o efeito existem infinitas ocorrências, já que entre um evento e outro haverá um lapso de tempo que, mesmo finito, pode ser infinitamente dividido. Logo, nunca poderemos saber qual a causa dos eventos. Por outro lado, não podemos admitir que nada existe entre a causa e o efeito, pois nesse caso estaríamos supondo que no intervalo *t* (por menor que seja) houve um vazio e, dessa forma, seria o nada que antecederia o efeito. Assim, estaríamos implicitamente admitindo que do *nada* pode ser gerado algo. Essas objeções feitas por Russell são de natureza lógica e expressam enormes dificuldades no tratamento da questão. Mas, então, como trabalhar com a ideia de causalidade?

A melhor maneira de fazê-lo é abandonar a polêmica quanto à questão de tal princípio ocorrer ou não na natureza, mesmo porque nós não podemos afirmar que a natureza tem o propósito de realizar este ou aquele princípio. Devemos tomar a causalidade como uma *suposição*, como um guia para a explicação e a formulação dos "encadeamentos racionais" de que nos fala Platão. Esse guia pode exercer a função de um princípio heurístico, de um princípio gerador de pesquisas e, em última análise, gerador de conhecimentos. Quando se postula que um determinado fenômeno tem uma causa, torna-se necessário que estabeleçamos a *relação* que ele tem com outro evento diferente e que enunciemos isso na forma de *leis*, mesmo sabendo que tal formulação poderá ser refutada e, na verdade, ela *deverá* ser refutada para que haja desenvolvimento científico. A importância do princípio de causalidade está em assimilar que o conhecimento científico deve se expressar na forma de *leis*, deve ser "amarrado" pelo raciocínio de causalidade como condição de possibilidade de si mesmo.

2. Teorias e leis

Vimos no Capítulo I que as teorias se apresentam como *estruturas*, como *cadeias de cognição* que visam à explicação de fenômenos de maneira a encaixá-los em explicações universais. Esse requisito básico da universalidade se impõe em função de uma outra característica, que é a *predição*. Explicação e predição são ambas traços essenciais das teorias. Poderíamos até dizer que a predição é um tipo de consequência da explicação, já que não se concebe uma explicação científica que seja aplicável a um único caso. A explicação científica deve se aplicar a vários casos, pois se organiza em função das regularidades que encontra ou postula, se organiza na forma de *estruturas teóricas*.

Nesse sentido, a noção de causalidade, que acabamos de examinar, exerce um importante papel. Ressalvado o seu caráter não ontológico, a causalidade expressa os traços de universalidade e preditividade das teorias na medida em que postula relações universais, necessárias e determinadas entre eventos.

Foi Carl Hempel (1979, 1981) quem formulou de maneira precisa o modelo da explicação científica. Num artigo publicado em 1948 (1979, pp. 135-175), ele expôs a pauta básica da explicação científica, o modelo Nomológico-Dedutivo de explicação. Para ele, toda explicação científica segue formalmente o mesmo padrão, que pode ser caracterizado como um conjunto de proposições de diferentes graus de generalidade, mas seguindo uma espécie de hierarquia, de ordem. Os exemplos a seguir poderão ilustrar isso:

Todos conhecem o fenômeno da formação de umidade e gotículas de água ao redor de um recipiente que se enche de água gelada. Dependendo do recipiente, esse fenômeno se dará com maior ou menor intensidade. Para que seja satisfatória, a explicação disso envolve, além de algum tipo de conhecimento ou pressuposição empírica, a aceitação de *leis gerais*. Devemos inicialmente aceitar o fato evidente de que:

a) A água do recipiente está numa temperatura menor do que o ar circundante.

Além disso temos que aceitar que:

b) O ar contém gotículas de água na forma de vapor.

c) O resfriamento do recipiente provocou um resfriamento ao seu redor e, por esse motivo, liquefez o vapor d'água.

d) Sempre que o vapor d'água encontra uma superfície suficientemente fria, ele se liquefaz.

Todas essas cláusulas (com exceção da primeira) são estipuladas depois de realizarmos algum tipo de reflexão sobre o fenômeno. Normalmente, para o senso comum, essa reflexão não ocorre. Se se perguntasse para alguém sobre o "porquê" da formação de umidade, uma pessoa comum responderia que "é porque a água está gelada". Isto é: o pensamento comum utilizaria o fenômeno para explicar o fenômeno.

Devemos agora "arrumar" essas proposições para que fiquem numa certa ordem dedutiva, a fim de que nosso problema inicial – a formação de umidade num recipiente com água gelada – apareça como *conclusão* de um raciocínio do tipo dedutivo. Teremos, então, um encadeamento do tipo:

1) Sempre que o vapor d'água encontra uma superfície suficientemente fria, ele se liquefaz.

2) O ar contém gotículas de água na forma de vapor.

3) A água do recipiente está numa temperatura menor do que o ar circundante.

4) A água provoca um resfriamento da superfície do recipiente.

Logo:

5) Há formação de vapor d'água na superfície de um recipiente quando este for enchido com água gelada.

Aqui, as proposições 1, 2, 3 e 4 aparecem como antecedentes da conclusão (proposição 5), que era o nosso problema inicial. A proposição 1, pela sua própria forma, tem um caráter de generalidade e de lei, embora a palavra "suficientemente" exija uma definição, mas precisa das outras condições iniciais. Isso porque a liquefação dependerá da diferença de temperatura entre o ambiente e o recipiente e da umidade do ar. Num ambiente muito seco (umidade baixa), a diferença de temperatura deverá ser maior para provocar o fenômeno. De qualquer maneira, a proposição 1 pode ser aceita como na forma de lei.

Além disso, existem outras suposições (Leis Gerais) embutidas nessa explicação e que nós não esboçamos por já serem de aceitação geral, por estarem assimiladas às concepções correntes. É o caso da aceitação de que a água resfria o recipiente; aí está embutido que as substâncias se aquecem e que esse calor pode ser transmitido; que diferentes substâncias se comportam de diferentes maneiras frente ao calor etc. Essas suposições, que derivam da teoria do calor, são levadas em conta na explicação, embora não precisem aparecer expressas no encadeamento dedutivo. Se isso fosse necessário, certamente a explicação de um simples fenômeno de formação de umidade teria que ser feita gastando-se quilos de papel.

Se colocarmos uma barra parcialmente submersa em água (exemplo citado no Capítulo I), teremos a impressão de que está torta ou quebrada. A explicação desse fenômeno pode ser formulada estipulando-se que:

1) O índice de refração do ar é menor do que o da água.

2) A água é mais densa do que o ar.

3) Num meio mais denso, a luz se propaga a menor velocidade.

4) A refração da luz na parte da barra que está fora da água, em relação à parte que está dentro da água, ocorre a um ângulo que dependerá do ângulo de imersão da barra e do tempo adicional que a luz levará para percorrer o volume de água.

5) Percebemos, portanto, a barra como torta ou partida.

Da mesma forma que no exemplo anterior, podemos arrumar o nosso problema de tal maneira que ele apareça como conclusão de um raciocínio dedutivo baseado nas leis da ótica geométrica:

1) Todo meio material provoca refração da luz.

2) O índice de refração da luz no ar é menor do que na água.

3) Num meio mais denso, a luz se propaga a menor velocidade.

4) A refração da luz na parte da barra que está fora da água, em relação à que está submersa, ocorre a um ângulo que dependerá do ângulo de imersão da barra e do tempo adicional que a luz levará para percorrer o volume de água.

5) Em vista disso, percebemos a barra como torta ou partida.

O nosso exemplo tem agora a forma de um argumento em que as proposições 1, 2 e 3 são Leis Gerais da ótica e a proposição 4 é uma condição inicial do problema, em que o ângulo de imersão deverá ser mencionado para sabermos o quanto de "torção" haverá na barra. A proposição 5 aparecerá como conclusão do argumento.

Em ambos os exemplos, o esquema de apresentação dos argumentos foi o mesmo: Leis Gerais, condições iniciais e conclusão. Na formulação de Hempel, esse é o esquema nomológico-dedutivo da explicação científica:

Explanans	L_1, L_2,............................, L_n	Leis Gerais
	C_1, C_2,............................, C_n	Condições Iniciais
Explanandum	E	Conclusão

Hempel dá o nome de *explanandum* (aquilo que deve ser explicado) à proposição que especifica o problema ou fenômeno, e de *explanans* (aquilo que explica) ao conjunto de Leis Gerais e das condições iniciais. A relação entre *explanandum* e *explanans* deverá ser, então, a de adequação a fim de que possa haver, de fato, dedução. Nesse esquema fica evidenciada a relação entre explicação e predição. Quando as condições iniciais estiverem dadas – e de posse das Leis Gerais –, poderemos prever E antes que ele tenha ocorrido. Dados L_1, L_2,..., L_n e C_1, C_2,..., C_n, poderemos *deduzir* E. O caminho inverso também deve ser verdadeiro. Dado E, podemos inferir a existência de certas condições gerais iniciais C_1, C_2,..., C_n e a vigência das Leis L_1, L_2,..., L_n no passado.

Assim, as condições lógicas de adequação entre *explanandum* e *explanans*, necessárias para a explicação, devem ter os seguintes requisitos (Hempel 1979):

1) O *explanandum* deve ser uma consequência lógica do *explanans*, deve ser dedutível dele.

2) O *explanandum* não pode ter mais informação que o *explanans*.

3) O *explanans* deve ter conteúdo empírico, isto é, deve haver pelo menos uma proposição empírica passível de *verificação*. Essa cláusula ficará satisfeita se supusermos que os problemas apresentados serão sempre de caráter empírico e que, portanto, haverá sempre pelo menos uma proposição especificando o evento ou fenômeno.

O esquema formal apresentado e os requisitos estipulados são suficientes para garantir explicações legítimas e verdadeiras, a despeito das restrições formuladas à noção de verdadeiro feitas no Capítulo II.

No paradigma hempeliano de explicação, as leis têm um papel decisivo. Em primeiro lugar – com exceção de certas generalizações empíricas que podem ser aceitas como leis empíricas sem justificação teórica, como, por exemplo, as leis de Galileu e de Kepler –, elas conferem o caráter de *estrutura*, de *coerência* e *unidade* às explicações. Os fenômenos podem ser "amarrados" por "encadeamentos racionais" de explicação, como diria o Ménon de Platão. As leis e as teorias abarcam sempre um grande conjunto de fenômenos que podem ser explicados e reunidos sob uma mesma marca conceitual. Isso permite a formação de uma imagem do mundo unitária e coerente. Em segundo lugar, as leis permitem a formulação do que se chama de *contrafactuais* (Nagel 1978; Goodman 1965; Hempel 1979). Os enunciados contrafactuais são da forma "Se..., então...", em que o antecedente do condicional não ocorreu. São enunciados que dizem que "se tivesse ocorrido isso, então teria ocorrido aquilo". Nas ciências naturais é quase sempre possível a utilização de contrafactuais, o que tem muitas repercussões positivas no desenvolvimento da pesquisa, tornando possível a ampliação das possibilidades de variação das condições iniciais dos fenômenos (e isso está obviamente ligado ao fato da reprodução artificial, em laboratório, de eventos e fenômenos) para a obtenção de novos *explananda*. Note-se que isso significa que novos fenômenos podem ser previstos sem que nunca tenham ocorrido, ou produzidos com o auxílio de poderosas ferramentas tecnológicas, especificamente preparadas para isso.

O esquema de Hempel tem sido um grande atrativo para todos os que investigam o conhecimento científico e estudam a história das ciências naturais. A capacidade do modelo de representar as grandes teorias (Ptolomeu, Newton, Einstein etc.), a fim de permitir que as explicações sobre a natureza apareçam candidamente simples, é uma virtude. Mesmo antes de Hempel ter formulado o modelo em 1948, já havia muita segurança por parte dos epistemólogos e dos cientistas em geral quando uma dessas teorias era acompanhada de um exemplo de explicação científica. No século XIX, por exemplo, o ideal de explicação já era a física, que servia como o grande paradigma (Kuhn 1975) das ciências, inclusive das ciências sociais. Os fundadores da sociologia científica e da moderna teoria econômica – Durkheim e Marx – expressaram claramente essa pretensão de cientificidade, cujo modelo era sempre o das ciências naturais. Mas se o modelo hempeliano se adapta muito bem às ciências naturais, o mesmo não se pode dizer quanto às ciências sociais.

3. A explicação nas ciências sociais

A partir do século XIX, o ideal científico no campo das ciências humanas – inspirado pela poderosa mecânica newtoniana – foi a formulação das grandes teorias sobre o homem e a sociedade. Spencer, Marx e Darwin, bem como outros pensadores menores, sintetizaram esse ideal com as chamadas *teorias de longo alcance* (Merton 1978). As teorias de longo alcance (TLA) abarcam grandes períodos históricos e têm como pretensão sintetizar todo um processo de desenvolvimento, desde a sociedade primitiva até a sociedade capitalista. São em geral conjecturas que permitem as generalizações mais abstratas, como as de Darwin sobre a origem e evolução das espécies e a de Marx sobre a evolução da sociedade sem classes para as sociedades classistas. Essas concepções de história ou de homem exercem, no entanto, apenas um papel limitado na explicação, pois esbarram na inverificabilidade de suas proposições. Apesar de terem um importante papel na sustentação das teorias propriamente explicativas da sociedade (no caso das teorias de Spencer e Marx), as conjecturas de longo alcance não têm, elas mesmas, caráter explicativo. Devemos distinguir aqui entre as conjecturas e os princípios metafísicos de que já falamos no capítulo anterior. Os princípios metafísicos versam sobre a natureza do homem, sobre alguma de suas qualidades ou defeitos imanentes que acabam por determinar seu comportamento social. Vimos que, no caso de Rousseau, era a sua sociabilidade e, no caso de Hobbes, a sua mesquinhez e individualidade. As conjecturas têm uma característica diversa porque se constituem em sistemas, em concepções da história de ampla generalidade, mas de menor abrangência que os princípios metafísicos. As conjecturas se compõem de postulados que aparecem como a última razão dentro da explicação. Ambas, no entanto, têm um mesmo traço que é a inverificabilidade. Assim como não poderíamos verificar os princípios metafísicos de Rousseau e Hobbes, também não podemos colocar à prova as concepções de história de Marx e Durkheim, por exemplo.

Depois das TLA, que apareceram como as grandes sínteses explicativas no século XIX, as ciências sociais se conformaram – já no século XX – em desempenhar um papel menos pretensioso. Os sociólogos, economistas e antropólogos passaram a um trabalho mais minucioso de compreensão da vida social em seus aspectos mais cotidianos, numa atitude de relativo abandono às grandes construções teóricas. As preocupações básicas das ciências sociais passaram a ser, então, a aquisição de conhecimentos empíricos e a busca de um tipo de teorização mais sólido, embora de menor abrangência. Foi o período de construção das *teorias de médio alcance* (TMA), como as chamou Merton (1978), e da institucionalização das ciências sociais. As TMA se diferenciam das TLA em vários aspectos, que passaremos a discutir.

Em termos de estabelecimento dos modelos de explicação das ciências sociais, podemos notar grandes diferenças entre as TLA e as TMA. Os exemplos podem mostrar isso:

1) O primeiro exemplo que podemos tomar é o da teoria elaborada por Karl Marx. Todos conhecem o itinerário percorrido por Marx para a elaboração da economia política. A sua teoria econômica começou a ser elaborada em 1848, após os primeiros estudos filosóficos de 1844 a 1847. Nesses escritos, Marx desenvolve os pressupostos da concepção materialista da História, suporte de toda a sua construção posterior. A concepção materialista da História é o delineamento da "grande síntese" da evolução socioeconômica da humanidade e a economia política uma espécie de coroamento dessa síntese, com uma análise detalhada da economia burguesa. A sua teoria se estrutura, então, em alguns princípios metafísicos, que funcionam como axiomas para a teoria. São eles:

a) O homem é um ser da natureza.
b) O homem é um ser eminentemente social.
c) O homem é um ser que tem consciência.
d) No limite último da consciência está a liberdade (Marx 1972).

De posse desses princípios, o autor elabora a concepção materialista da História por meio de algumas proposições que aparecem como postulados:

e) A sociabilidade do homem é dada pela produção e reprodução de sua vida material.
f) É o trabalho que unifica e dá sentido à vida social.
g) A existência, o trabalho, em suas diferentes formas, determinam a consciência, as diferentes formas de pensar a si mesmo.

Com essas proposições é possível reconstruir toda a concepção materialista de história e estabelecer o nexo com a economia política, a ciência que estuda um tipo específico de organização social e de relações de trabalho. Podemos dizer que o esquema geral da teoria é:

- Princípios metafísicos
- Conjectura (concepção materialista da História) e seus postulados
- Teoria social (economia política)

A economia política segue, por sua vez, os cânones do esquema hempeliano, com as Leis Gerais e condições iniciais. Além disso, o conceito de *determinação* na obra de Marx executa o mesmo papel que a *causalidade* nas ciências naturais. Deve-se, no entanto, fazer uma observação sobre a ideia de "determinação": Marx trabalha com os conceitos de "tendência" e "determinação" que, a rigor, não são compatíveis. A "determinação" de que nos fala Marx tem um traço de necessidade que a noção de "tendência" não traduz. O autor nos fala disso no "Prefácio" da *Contribuição à crítica da economia política* (1978a). Ele diz:

> O resultado geral a que cheguei e que, uma vez obtido, serviu-me de fio condutor aos meus estudos, pode ser formulado em poucas palavras: na produção social da própria vida, os homens contraem relações determinadas, necessárias e independentes de sua vontade, relações de produção estas que correspondem a uma etapa determinada de desenvolvimento das forças produtivas materiais. A totalidade destas relações (...).

Ao mesmo tempo em que diz que as relações são determinadas, necessárias e independentes da vontade, ele mostra no volume III de *O capital* (Marx 1978b) que a lei da queda da taxa de lucro é apenas *tendencial*, pois existem alguns fatores que a retardam. De qualquer modo, Economia Política segue o padrão e o paradigma das ciências naturais. Nesse sentido, a explicação de qualquer fenômeno da vida econômica e social pode ser expressa com o modelo já descrito:

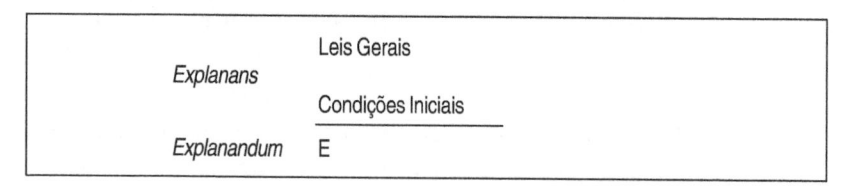

	Leis Gerais	
Explanans		
	Condições Iniciais	
Explanandum	E	

As leis gerais descritas em *O capital* são a lei do valor, da superpopulação relativa, da queda da taxa de lucro e do aumento da composição orgânica do capital. Assim, todo fenômeno da vida social pode ser explicado apelando-se para a teoria social (economia política) e, quando não for possível, então apela-se para a conjectura e para os princípios metafísicos.

2) O segundo exemplo que tomaremos é o da hipótese sobre "O crescimento da cidade", de Ernest W. Burgess (1970). O interesse do autor foi o de formular um modelo que descrevesse o crescimento das cidades e suas zonas de ocupação, sem se importar com os "grandes motivos" que impulsionaram os homens a realizar tal coisa. O interesse maior foi pragmático, foi o de poder prever e direcionar o crescimento e a expansão física das zonas urbanas.

A teoria de Burgess pode ser assim resumida: em qualquer cidade, há uma tendência para a "expansão radial", para um crescimento que se dá pela incorporação de áreas concêntricas de ocupação; a zona central dessa sucessão de círculos é ocupada pelo comércio (e é chamada de *loop*); a zona seguinte é chamada de zona de transição, pois tende a ser invadida pelo comércio e manufaturas leves; a zona posterior é ocupada por moradias operárias; a zona seguinte, por residências de luxo e, por último, uma zona chamada de *commuters*, trabalhadores pobres que vão ao centro trabalhar e voltam à noite para suas casas. Um esquema desse modelo pode ser representado como:

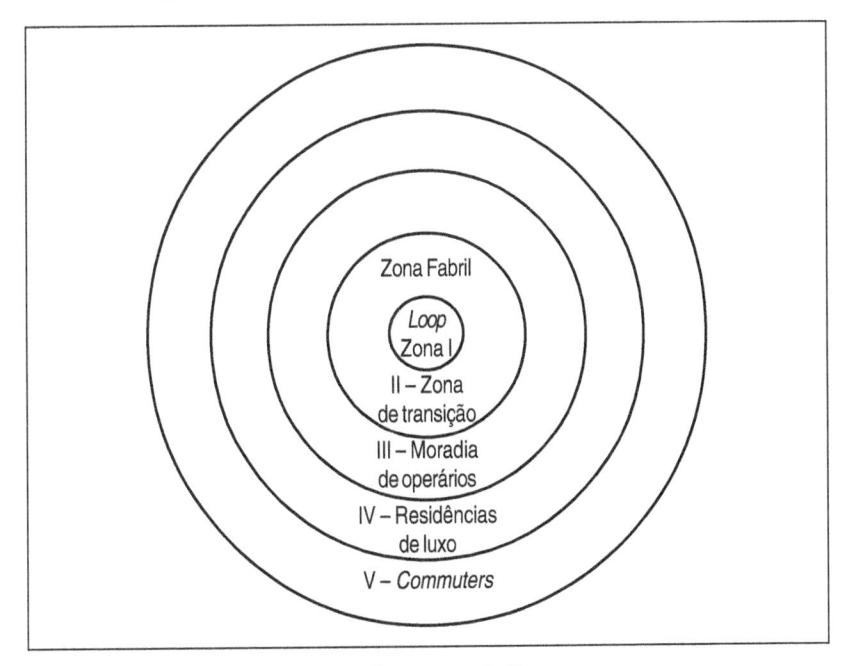

Zona Fabril
Loop
Zona I
II – Zona de transição
III – Moradia de operários
IV – Residências de luxo
V – *Commuters*

Esquema das zonas de Burgess

Embora haja muitas cidades cujo crescimento não tenha se dado, pelos mais diversos motivos, conforme esse modelo, há um razoável consenso de que ele é um "bom modelo". Suas características como explicador de fenômenos são, no entanto, bastante diferentes das do exemplo anterior, embora formalmente ele se enquadre no esquema dedutivo. Em primeiro lugar, nesse modelo não há Leis Gerais, mas somente *hipóteses de alta probabilidade e generalizações empíricas*. Essas generalizações têm uma forte base indutiva e geram as hipóteses de maior abrangência. Em segundo lugar, essas generalizações e hipóteses não aparecem como resultado de nenhum raciocínio causal ou determinista. Não há apelo para princípios metafísicos sobre a natureza do homem ou da sociedade nem mesmo um sentido finalista na explicação. As generalizações e hipóteses têm origem observacional e, por isso, seu caráter é probabilístico. Aqui o entendimento de probabilístico não é o de um raciocínio que tenha pelo menos uma lei probabilística, mas o de um raciocínio que, diante de um fenômeno que não se enquadra dentro da explicação, reconhece que fenômeno não falsifica a hipótese. Exatamente pelo fato de a hipótese ter alta probabilidade é que ela não se falsifica com contraexemplos. Mas pode-se, então, perguntar: São essas generalizações e hipóteses infalsificáveis? A resposta é não. O que frequentemente ocorre é que certo número de contraexemplos acaba por gerar uma nova explicação e a construção de novas generalizações e hipóteses. A explicação cai em desuso ou incorpora novas hipóteses auxiliares e se adapta a novos dados. A própria hipótese de Burgess foi muitas vezes questionada (Quinn 1970) e acabou por incorporar novos conceitos e generalizações.

	Hipóteses de Alta Probabilidade
Explanans	Generalizações Empíricas
	Condições Gerais
Explanandum	E

3.1. Esquema do modelo explicativo das TMA

As TMA (tais como a de Burgess) servem como conhecimento de base nas ciências sociais. Conforme salientou Merton (1978), enquanto as

TLA, as grandes sínteses, são incompatíveis, pela razão de que os próprios princípios metafísicos são incompatíveis, as TMA guardam uma certa "positividade", no sentido de que têm origem factual e de que servem como fatos básicos para as TLA. Qualquer teoria pode, por exemplo, se utilizar das hipóteses de Burgess ou da teoria da tomada de decisões em pequenos grupos independentemente da conjectura maior ou dos princípios metafísicos.

Vimos até agora o aspecto formal da explicação nas ciências sociais e algumas diferenças existentes entre as TLA e as TMA. Veremos agora como se comportam essas explicações frente à questão da previsibilidade.

No esquema hempeliano original da explicação, o das ciências naturais, a previsibilidade é uma das características importantes. O *explanans* gera o *explanandum* por dedução. Mas o mesmo não ocorre nas ciências sociais. As sociedades funcionam de forma fundamentalmente diferente da natureza, pois elas podem aprender com a experiência e mudar seu comportamento, ou ainda, podem mudar seu comportamento só com uma *expectativa* de acontecimento.

Vimos, em nosso primeiro exemplo, que uma teoria como a de Marx trabalha com as ideias de "determinação" e de "tendência". A determinação expressa o caráter necessário, de lei, de certas relações e seus também necessários desdobramentos. O desenvolvimento da divisão do trabalho provoca, necessariamente, mudanças na forma da propriedade e nas relações entre as classes; mudanças nas relações de produção de uma dada sociedade determinam mudanças na superestrutura etc. É claro que esse conceito e essa determinação não significam previsibilidade *stricto sensu*, isto é, não tornam possível manipular dados na série temporal como nas ciências naturais. Mas eles dão uma garantia de que a sucessão ocorrerá. Isso, por si só, confere uma linearidade à história e aos acontecimentos que, hoje, são de difícil aceitação. E mais: as previsões de longo alcance sobre os destinos da história e dos homens permitidas pela conjectura acabam por se transformar em profecias (Popper 1974) e, no limite, em milenarismo.

A noção de tendência, ao contrário, enfraquece o poder preditivo da teoria e lhe confere maior flexibilidade e, diríamos, certo poder de autoproteção. Se uma determinada previsão ou profecia não ocorrer, pode-se dizer que a responsabilidade não é da teoria, pois ela previra apenas uma tendência. Assim, no caso das TLA, as ideias de determinação e tendência acabam por exercer o papel de protetoras da conjectura e da teoria, pois exigem que aceitemos irrestritamente suas previsões de longo alcance e que formulemos hipóteses *ad hoc* para "salvar" a teoria e a conjectura das previsões malogradas, afirmando que "ainda não chegou a hora".

Já com as TMA, as previsões padecem de outros problemas decorrentes daquilo que dissemos ser nossa capacidade de mudar comportamentos em função de expectativas (Ryan 1977).

Existem alguns tipos de previsão que, pelo próprio fato de serem feitas, geram sucesso ou malogro. É o que chamamos de *profecias autorrealizadoras* e *profecias autonegadoras* ou *suicidas* (Nagel 1978; Merton 1978). A profecia autorrealizadora decorre da circunstância de que, quando feita e por causa da autoridade de seu proponente, modifica uma situação e torna favorável o acontecimento previsto. Suponhamos, por exemplo, que um respeitável economista lance um comentário sugerindo que os preços das ações de uma determinada companhia cairão na próxima semana. A divulgação dessa "previsão" – mesmo que a situação da empresa seja muito boa – poderá levar os acionistas a venderem suas ações para fugir do prejuízo. Como o mercado de ações funciona com a lei da oferta/procura, essa atitude provocará, de fato, queda nos preços das ações por excesso de oferta. Um outro exemplo aconteceu em 1928 em Nova York com o United States Bank. A situação do banco era normal, mas surgiu um boato de que o banco iria à falência. Os depositantes, com medo de perderem seu dinheiro, correram todos a sacar suas economias, levando o banco, em pouco tempo, à bancarrota.

Existem outros casos em que uma previsão pode ser falsificada, por conta de providências que são tomadas para evitá-los. A análise de determinada situação pode sugerir, por exemplo, que haverá uma expansão exagerada do consumo e isso elevará os índices inflacionários. Por existirem boas razões para acreditar nessa previsão, ela pode ser malograda se as autoridades do governo tomarem certas medidas para conter o consumo, evitando-se assim a elevação da inflação.

Esses exemplos mostram uma certa dificuldade de se trabalhar com previsões em ciências sociais. Por outro lado, isso não significa que previsões de curto alcance não possam ser bem-sucedidas. São muitos os exemplos que mostram o sucesso das previsões sobre comportamento eleitoral, taxa de crescimento populacional, taxa de criminalidade etc. O que deve ficar claro é que o conhecimento público das informações pode modificar as pautas de conduta e, como consequência, modificar significativamente os resultados teoricamente esperados.

Apesar das diferenças apontadas aqui entre as teorias das ciências sociais e as das ciências naturais, e das dificuldades em relação à previsibilidade das teorias sociais, devemos dizer que o modelo de explicação de ambas tem as mesmas características. E não poderia ser diferente. A pretensão científica das ciências sociais, no que concerne à explicação, teve, e tem ainda, sua inspiração nas ciências da natureza. Mesmo sabendo que as forças explicativa e preditiva nas ciências da natureza são maiores do que nas ciências sociais, o modelo dedutivo ainda é a maior garantia de explicação e de aproximação da verdade. Mas se a estrutura da explicação nas ciências naturais e sociais tem a mesma forma dedutiva, o que poderemos dizer dos conteúdos explicativos dessas teorias? Já indicamos, nos capítulos anteriores, algumas dessas diferenças. No entanto, a impressão que ainda persiste é que as duas formas de conhecimento poderiam algum dia ter a mesma capacidade explicativa desde que se construísse um conhecimento de base em ciências sociais, a partir do qual se pudessem acumular informações. Esse ideal de aproximação das disciplinas remonta ao século XIX e perpassa, mesmo que não explicitamente, as postulações de vários epistemólogos da atualidade. Passaremos a discutir agora algumas dessas correntes em seus aspectos mais gerais, já que uma análise mais aprofundada será feita no capítulo seguinte.

4. Uma nova abordagem da explicação nas ciências sociais

Dissemos, na seção anterior, que as teorias sociais têm uma estrutura dedutiva que segue o padrão hempeliano. Discutimos as diferenças em relação às ciências naturais e mostramos que a informação é um elemento decisivo dessa diferenciação, pois muda os comportamentos dos indivíduos provocando alterações nos processos sociais e na nossa capacidade preditiva.

Devemos discutir agora os novos desenvolvimentos no campo da epistemologia e suas diferenças em relação às principais correntes de pensamento que marcaram essa disciplina nos últimos 20 anos.

4.1. A moderna tradição epistemológica

Mostramos, no Capítulo I, que a teoria do conhecimento evoluiu por dois caminhos principais: o primeiro deles teve origem na filosofia de Platão, que instituiu um movimento nitidamente racionalista e historicista, tendo em sua linha de sucessão filósofos como Aristóteles, Hegel e Marx. O segundo caminho teve sua origem no empirismo de Bacon e Hume e, já no século XX, o suporte de pensadores do círculo de Viena.[1]

Essas tradições filosóficas marcaram profundamente o pensamento epistemológico do século XX, e somente na década de 1960 um novo movimento intelectual começou a tomar forma a partir das obras de Thomas Kuhn, Paul Feyerabend e Imre Lakatos. Esses autores iniciaram um novo capítulo na história da filosofia da ciência, aliando as abordagens filosóficas ao conhecimento dos procedimentos científicos especializados da física e da matemática.[2]

Depois da formação do Círculo de Viena, no final da década de 1920, a referência mais conhecida na epistemologia foi, sem dúvida, Karl Popper. Ele influenciou várias gerações de filósofos e suas posições eram respostas efetivas aos problemas colocados pelo empirismo e pelo dogmatismo marxista.

No entanto, Popper discutia, assim como os epistemólogos anteriores, a lógica do processo científico, deixando pouco espaço para uma análise da prática efetiva da construção do conhecimento e do comportamento dos cientistas. Foi exatamente nesse ponto que Thomas Kuhn centrou suas pesquisas, mostrando que os cientistas formam um grupo social e, portanto, devem ser analisados com os parâmetros da sociologia e não com os parâmetros de uma suposta lógica de procedimentos científicos.

A teoria popperiana se baseia na suposição de que a lógica da ciência impõe aos cientistas a busca incessante de novas teorias com maior capacidade explicativa e, portanto, com maior conteúdo empírico. Esse procedimento ocorreria mediante a contínua tentativa de substituição das

---

1. Ver o Capítulo IV, item 2.
2. Esse assunto será desenvolvido no Capítulo IV.

teorias vigentes, mediante testes críticos, por novas teorias. Assim, o que está em jogo nos procedimentos da ciência não é a busca pela confirmação, mas, ao contrário, a busca pela refutação das teorias.

O refutacionismo ou falibilismo popperiano impõe, pelo menos como princípio, um movimento de "revolução permanente" na ciência, de um progresso conquistado pela via da invenção e não pela acumulação de conhecimentos.

Para Popper a ciência é, essencialmente, um empreendimento que visa à solução de problemas, que podem ser de natureza prática ou teórica. Dados os problemas, os homens formulam soluções que são continuamente testadas e refutadas, fazendo surgir novas *conjecturas* que, por sua vez, serão testadas e refutadas. Essa dinâmica fortalece cada vez mais as novas teorias, já que deverão resistir a severos testes, ao mesmo tempo que nos aproxima de uma Verdade que, sabemos, jamais será alcançada.

Esse modelo de organização e progresso, baseado em conjecturas e refutações, foi aplicado por Popper às ciências naturais e sociais indistintamente. Em seu livro *A lógica das ciências sociais* (1978), o autor formula 25 teses sobre a estrutura das ciências sociais e retrata um pretenso isomorfismo entre as duas disciplinas.

A epistemologia de Thomas Kuhn parte, como dissemos, de um "lugar" totalmente diferente do de Popper. É a prática real dos cientistas que vai caracterizar o empreendimento científico, e isso, veremos, não condiz com as postulações abstratas de Popper.

Para Kuhn, o que chamamos de ciência é um processo que se compõe de uma tradição de formular problemas, de uma tradição de resolver problemas dentro de uma mesma teoria e mecanismos específicos de treinamento de novos cientistas, utilizando métodos e instrumentos consagrados pela comunidade científica ou grupos dentro dela. A tudo isso Kuhn dá o nome de *paradigma*.

Assim, as ciências maduras seriam aquelas que atingiram o estágio paradigmático e podem acumular conhecimentos a partir da solução dos inúmeros problemas que surgem no interior de uma teoria. Já as disciplinas "imaturas" seriam aquelas que não dispõem de uma única teoria nem de procedimentos metodológicos capazes de fundamentar a atividade dos pesquisadores. Aqui, cada grupo de cientistas desenvolve seus procedimentos e suas interpretações acerca de fenômenos que nem sempre são considerados relevantes por toda comunidade, mostrando o grau de desacordo existente e a falta de paradigmas para objetivar o trabalho. As ciências sociais estariam enquadradas nessa categoria.

Na visão kuhniana, a ciência progride acumulando conhecimentos no interior do paradigma que, depois de certo tempo e do acúmulo de eventos não explicados (anomalias), entra em crise e inicia uma era revolucionária, propiciando o aparecimento de uma nova teoria que se tornará o paradigma para a comunidade científica.

Há ainda uma terceira via de interpretação da ciência que foi desenvolvida por Imre Lakatos. Para ele, o empreendimento científico não é bem retratado pelos pontos de vista de Popper e Kuhn, pois não se trata de refutar teorias ou acumular conhecimentos dentro dos paradigmas. Para ele a ciência deve ser entendida como conjunto de teorias que possuem uma determinada estrutura, composta por um "cinto de proteção" – conjunto de postulados de caráter metafísico que protege a teoria da crítica e da refutação – e por uma heurística positiva, cujo significado é o de engendrar o constante aparecimento de novos problemas e a incessante busca de suas soluções. Assim, uma boa teoria não é aquela que resolve os problemas, mas aquela que, quando os resolve, indica os caminhos para novos desenvolvimentos teóricos.

Lakatos não fez aplicações de seu instrumental às ciências sociais, mas poderíamos dizer que a realidade teórica e factual da sociedade, assim como a sua dinâmica, nos impõe uma forma de pensar que se ajusta ao modelo lakatosiano.

4.2. Os recentes desdobramentos – conclusão

A recente discussão sobre as ciências sociais tem mostrado que não podemos mais pressupor que elas têm a mesma natureza das ciências naturais e que, algum dia, elas se assemelhariam no que diz respeito à capacidade preditiva e à precisão das formulações. Ao contrário, já têm surgido posicionamentos indicando um movimento inverso à tradicional forma de identificação entre ciências naturais e sociais (Santos 1988; Matallo Jr. 1991).

Depois da postulação do *princípio da incerteza* de Heisenberg, a ideia de que mesmo as teorias das ciências naturais padeceriam de uma incontornável imprecisão e de que o observador poderia interferir nos fenômenos e modificar seus comportamentos (no caso dos fenômenos quânticos), tomou lugar de destaque e vem criando uma nova mentalidade entre os cientistas. Já não se pensa mais que as ciências da natureza seriam o paradigma de todas as ciências, pois – diante das constantes mudanças e questionamentos teóricos dos últimos anos – está cada vez mais claro que a incerteza é universal e que a aproximação das ciências sociais do antigo ideal de estabilidade e precisão que ainda prevalecem em alguns ramos da física e na matemática não pode ocorrer por razões lógicas e não por falta de amadurecimento da disciplina ou por incompetência dos cientistas.

As razões a que aludimos têm por base a própria caracterização do que seja uma sociedade: um sistema estruturado de valores que orienta e baliza o comportamento dos indivíduos. Esses comportamentos têm por base as informações disponíveis e a necessidade de satisfação de desejos dos indivíduos.

No que diz respeito às informações, deve-se dizer que a ação social é resultado da transformação de disposições interiores ("vontades") em proposições com sentido social, isto é, os comportamentos dos indivíduos, para serem aceitos, devem entrar na rede simbólica, devem partilhar de uma linguagem comum, e, assim, serem aceitos como informação pelos outros indivíduos. Caso isso não ocorra, as ações parecerão irracionais ou antissociais (Matallo Jr. 1991, p. 14). No entanto, a linguagem não tem a propriedade da univocidade, isto é, não é entendida uniformemente por todos os indivíduos. As palavras têm um significado contextual e só assim podem ser apreendidas. Desse modo, apesar de haver sentido partilhado na linguagem, há sempre a possibilidade de diferentes atores entenderem diferentemente as proposições e as ações sociais. É exatamente isso que possibilita as diferenças no desempenho dos papéis e, em sentido mais geral, contribui para as mudanças sociais.

No que diz respeito ao desejo, deve-se dizer que toda sociedade hierarquiza os desejos, estabelece regras para a sua satisfação e, necessariamente, frustra uma parcela da sociedade. Isso ocorre porque, em primeiro lugar, os bens são escassos e, em segundo, porque há certos bens que, por definição, devem ser escassos e concentrados. Refiro-me aqui ao poder e ao prestígio social. Esses bens só têm significado na medida em que são escassos e não distribuídos, pois, caso contrário, não teriam sentido social (*ibidem*, p. 13). Esse elemento acaba por suscitar uma permanente disputa entre os indivíduos para sua obtenção e, consequentemente, um melhor posicionamento na escala social.

Assim, a realidade social, entendida como um fenômeno simbólico, faz convergir a instabilidade na compreensão e formulação de respostas às ações sociais e a constante disputa pela satisfação dos desejos mais valorizados, provocando um movimento permanente a que chamamos de *mudança estrutural*. Essas mudanças não mais podem ser entendidas como momentos específicos (revoluções), mas como parte do próprio conceito de sociedade.

Esses fatores trazem enormes dificuldades para a elaboração de teorias em ciências sociais – a formação do paradigma conforme os kuhnianos – e para a realização de testes cruciais – como propõem os popperianos.

Na verdade, a própria ideia de teoria é colocada em xeque se pensarmos que não podemos formular qualquer explicação em ciências sociais que tenha como base uma linguagem unívoca, não contextual. Podemos dizer que, em vez de teorias, temos conjuntos de postulados básicos que orientam a pesquisa, como diria Merton (1978), aliados aos procedimentos de seleção dos fatos e descrição reconstrutiva dos fenômenos. É preciso deixar claro que não há uma lógica ou um método para selecionar os fatos relevantes para a explicação nem um método de reconstrução histórico-social.

Isso tem um significado epistemológico extraordinário para as ciências sociais, na medida em que impossibilita a formação de paradigmas no sentido kuhniano. O que se forma são tradições de pensar problemas mais do que teorias.

O paralelo entre as estruturas de teorias que faremos com as ciências naturais tem como referência o modelo nomológico-dedutivo de Hempel, mas com significativas alterações em seu conteúdo. Segundo essa nova versão, o esquema seria:

Explanans	Conjunto de Postulados Básicos Descrição – Reconstrução Histórico-Social
Explanandum	E

A diferença está em que, para um mesmo *explanandum* E e utilizando-se um mesmo conjunto básico de postulados, a construção histórico-social (seleção e descrição) varia não somente entre as diversas correntes de pensamento, mas também entre pensadores de uma mesma corrente, de tal maneira que nunca temos uma explicação definitiva sobre um conjunto de fenômenos, mas uma constante reconstrução a "partir do zero".

Esses são os fundamentos do pluralismo teórico das ciências sociais e da aparente arbitrariedade reinante na disciplina. É preciso constatar, no entanto, que o indeterminismo e o arbítrio existentes são partes constituintes das ações individuais e coletivas e de nossa imensa capacidade de criar e recriar as formas de convivência social.

5. Referências bibliográficas

ALVES, R. (1983). *Filosofia da ciência*. São Paulo: Brasiliense.

ARISTÓTELES (1978). *Tópicos*. São Paulo: Abril. (Col. Os Pensadores)

BASSALO, J.M.F. (1984). "As 'experiências de pensamento' em física". *Ciência e Cultura*, 36(3), 1984.

BROWN, H. (1984). *Einstein*. São Paulo: Brasiliense.

BURGESS, E.W. (1970). "O crescimento da cidade: Introdução a um projeto de pesquisa". *In*: PIERSON, D. (org.). *Estudos de ecologia humana*. Tomo I. São Paulo: Martins.

BURTT, E.A. (1983). *As bases metafísicas da ciência moderna*. Brasília: Ed. da UnB.

CARTIER, R. (1978). *O enigma do cosmo*. Rio de Janeiro: Primor.

CHALMERS, A.F. (1978). *What is this thing called Science?*. Queensland: University of Queesland.

FARRINGTON, B. (1949). *Head and hand in Ancient Greece*. Londres: Watts and Co.

_____ (1961). *A ciência grega*. São Paulo: Ibrasa.

FOUCAULT, M. (1975). *Doença mental e psicologia*. Rio de Janeiro: Tempo Brasileiro.

GOODMAN, N. (1965). *Fact, fiction and forecast.* Indiana: Bobbs-Merrill Co.

GRIMAL, P. (1965). *Larousse world mythology.* Londres: Hamlyn.

HANSON, N.R. (1977). *Padrones de descubrimiento.* Madri: Alianza.

HEMPEL, C. (1979a). *La explicación científica.* Buenos Aires: Paidós.

_____ (1979b). *The logic of explanation in philosophy of science.* vol. 15. Reproduzido em *La explicación científica.*

_____. (1981). *Filosofia da ciência natural.* Rio de Janeiro: Zahar.

HUME, D. (1978). *Investigação sobre o entendimento humano.* São Paulo: Abril.

KUHN, T. (1975). *A estrutura das revoluções científicas.* São Paulo: Perspectiva.

LAKATOS, I. e MUSGRAVE, A. (1979). *A crítica e o desenvolvimento do conhecimento.* São Paulo: Edusp.

LOSEE, J. (1978). *Introdução histórica à filosofia da ciência.* São Paulo: Edusp.

MARX, K. (1972). "Manuscritos econômicos e filosóficos". *In*: FROMM, E. *O conceito marxista do homem.* Rio de Janeiro: Zahar.

_____ (1978a). "Prefácio". *In*: MARX, K. *Contribuição à crítica da economia política.* São Paulo: Abril. (Col. Os Pensadores)

_____ (1978b). *O capital.* Madri: Fondo de Cultura Económica, 1978.

MATALLO JR., H. (1991). "Heisenberg, a sociologia e o princípio da incerteza". Teresina: *Educação e Compromisso*, n. 3.

MERTON, R. (1978). *Sociologia: Teoria e estrutura.* São Paulo: Mestre Jou.

MORA, J.F. (1986). *Dicionário de filosofia.* Madri: Alianza.

MYRDAL, G. (1970). *Objetividad en la investigación social.* México: Fondo de Cultura Económica.

NAGEL, E. (1978). *La estructura de la ciencia.* Buenos Aires: Paidós.

PLATÃO (1978). *Fédon.* São Paulo: Abril.

_____ (s.d.). *Ménon.* Rio de Janeiro: Tecnoprint.

POPPER, K. (1974). *A sociedade aberta e seus inimigos.* São Paulo: Edusp.

_____ (1978a). *A lógica das ciências sociais.* Brasília: Tempo Brasileiro.

_____ (1978b). *A lógica da pesquisa científica.* São Paulo: Cultrix.

_____ (1978c). *Conhecimento objetivo.* São Paulo: Edusp.

_____ (1982). *Conjecturas e refutações.* Brasília: Ed. da UnB.

QUINE, W.O. (1978a). *Dois dogmas do empirismo.* São Paulo: Abril.

_____ (1978). *Epistemologia naturalizada.* São Paulo: Abril.

QUINN, J.A. (1970). "A hipótese das zonas de Burgess e seus críticos". *In*: PIERSON, D. (org.). *Estudos de ecologia humana*. São Paulo: Martins.

RUSSELL, B. (1977). *Misticismo e lógica*. Rio de Janeiro: Zahar.

RYAN, A. (1977). *Filosofia das ciências sociais*. São Paulo: Francisco Alves.

SALMON, W. (1978). *Lógica*. Rio de Janeiro: Zahar.

SANTOS, B.S. (1988). "Um discurso sobre as ciências na transição para uma ciência pós-moderna". São Paulo: *Revista de Estudos Avançados*, vol. II, Edusp.

VARGAS, M. (1985). *Metodologia da pesquisa tecnológica*. Rio de Janeiro: Globo.

WARTOFSKY, M. (1968). *Introdución a la filosofía de la ciencia*. Madri: Alianza.

IV
A CONSTRUÇÃO DO SABER
CIENTÍFICO: ALGUMAS POSIÇÕES

Maria Cecília Maringoni de Carvalho

1. Considerações introdutórias

As reflexões críticas acerca dos fundamentos da ciência vêm sendo elaboradas desde tempos remotos. Podemos dizer que filósofos e cientistas em geral sempre buscaram alcançar uma compreensão adequada do que vem a ser o saber científico, como ele procede, em que consistem seus métodos, como a ciência atinge seus resultados, qual a sua credibilidade etc. A investigação teórica acerca do fenômeno *ciência* tem recebido, ao longo dos anos, diversas denominações; as mais conhecidas são: epistemologia, teoria da ciência, filosofia da ciência e, também, metodologia. A metodologia seria uma parte mais restrita da epistemologia, pois, como a palavra sugere, ela investiga fundamentalmente os métodos, ou seja, os procedimentos que a ciência deve seguir para alcançar com êxito seu ideal, que é a produção do saber. Mas ela se preocupa também em articular os critérios que nos permitem avaliar o desempenho de teorias já formuladas e que nos possibilitam, ainda, decidir entre teorias concorrentes.[1]

Durante séculos, porém, tais reflexões epistemológicas não constituíram uma disciplina independente, mas foram empreendidas no quadro de uma metafísica ou de uma teoria do conhecimento, quando não se apresentavam como uma espécie de subproduto da própria atividade científica.

A partir da segunda metade do século XIX, essa situação começa, aos poucos, a se alterar. Em virtude dos êxitos grandiosos obtidos pelas ciências naturais, a filosofia não podia deixar de tematizar essa situação, fazendo da ciência um de seus objetos privilegiados de estudo.

Historicamente, a constituição de uma teoria da ciência como disciplina filosófica autônoma se deveu a um grupo de filósofos e cientistas que, no decorrer da década de 1920, se reuniram em torno de Moritz Schlick em Viena. O grupo, conhecido sob o nome de Círculo de Viena, fundou uma das mais influentes correntes filosóficas e epistemológicas de nosso tempo: O empirismo lógico (conhecido também como positivismo lógico ou neopositivismo). Seus principais integrantes foram, além de Schlick, Rudolf Carnap, Otto Neurath, Hans Hahn, entre outros. O programa filosófico do Círculo de Viena foi ganhando cada vez mais em influência, sobretudo nos países anglo-saxões, onde suas investigações não se limitaram ao campo da teoria da ciência, mas estenderam-se aos domínios da ética, da filosofia da linguagem e da filosofia da história. Tal corrente, que emergiu do empirismo lógico, recebeu mais tarde o nome de filosofia analítica.

É muito difícil, quando não impossível, delinear em poucas palavras a filosofia do empirismo lógico. Seus representantes sempre se caracterizaram pela autocrítica e por uma honestidade intelectual muito grande, o que acabou impondo uma série de revisões e modificações em suas posições.

Contudo, podemos nos perguntar o que foi que deu origem ao empirismo lógico e quais os princípios que nortearam sua busca de soluções.

---

1. Para uma boa visão dos empenhos epistemológicos desenvolvidos através da história, recomendamos a leitura de Losee 1979.

Segundo Stegmüller (1977, vol. 1, p. 277 ss.), os pensadores que integraram o Círculo de Viena foram sensíveis à seguinte situação: de um lado, as ciências particulares vinham conhecendo um progresso extraordinário, ao passo que a filosofia apresentava um estado caótico, podendo-se até duvidar da existência de um progresso nessa área. Apesar de a filosofia possuir um passado mais longo, imperavam aí correntes filosóficas conflitantes e sua história parecia a de uma polêmica prolongada e sem perspectiva de solução.

Se esse diagnóstico acerca do estado em que se encontrava a filosofia era correto ou não, a terapia adequada dependeria de uma análise das causas ou fatores responsáveis por ele. Tudo parecia indicar que tanto a matemática como as ciências naturais dispunham de um método rigoroso de controle de seus resultados, o que parecia faltar à filosofia. Na matemática, o controle é feito com base em processos lógicos; caso uma demonstração apresente erro lógico, ela é rejeitada. Existe, pois, um critério objetivo acerca do que é sustentável ou do que deve ser abandonado. Nas ciências empíricas, o controle é feito com base na observação e na experimentação. A fantasia criadora do cientista é admitida na fase de produção de hipóteses ou teorias. Todavia, uma vez elaborada a hipótese, ela deve ser submetida ao teste da experiência. Caso o teste revele que a hipótese em questão é falsa, ela deve ser abandonada ou corrigida (*ibidem*, pp. 277-284).

Nosso estudo pretende abordar, de modo sucinto, alguns problemas e tentativas de solução que caracterizaram três importantes concepções metodológicas da atualidade: o empirismo lógico, o racionalismo crítico de Karl R. Popper e a teoria desenvolvida por Thomas S. Kuhn.

a) Quanto ao empirismo lógico

Os empiristas lógicos construíram um ideal de ciência que se caracterizou basicamente pela adesão a dois princípios: *princípio do empirismo* – um enunciado ou um conceito só será significante na medida em que possua uma base empírica, ou seja, na medida em que for fundado na experiência; *princípio do logicismo* – para que um enunciado ou sistema de enunciados possa valer como científico, deve ser passível de exata formulação na linguagem da lógica.

Vejamos algumas das questões examinadas pela teoria da ciência do empirismo lógico: Que procedimentos podem ou devem ser utilizados no teste de teorias científicas? Qual a forma lógica das explicações científicas? Como é vista a relação entre um enunciado e sua base empírica? Como se deve conceber a relação entre um conceito e sua base empírica? Em que circunstância se pode dizer que o conhecimento científico é confiável?

b) Quanto ao racionalismo crítico de Karl R. Popper

Karl R. Popper é, sem dúvida, um dos mais influentes e significativos filósofos da ciência de nossa época. Muitas vezes ele é sumariamente classificado como empirista lógico ou neopositivista. Na realidade, porém, seu pensamento diverge em pontos essenciais das teses defendidas pelos empiristas lógicos. É verdade que havia um interesse comum a aproximá-lo dos filósofos do Círculo de Viena: a preocupação de caracterizar a ciência empírica por oposição a outras construções teóricas, a importância concedida à lógica na construção da metodologia e o valor atribuído à experiência como instância de teste para hipóteses ou teorias. De outro lado, sua relação com o Círculo de Viena foi antes de natureza crítica. Não se tratava, é verdade, de uma crítica apoiada em pressupostos incomensuráveis relativamente aos do Círculo: era possível o diálogo, havia um debate fecundo entre eles.

c) Quanto à teoria de Thomas S. Kuhn

Todavia, como mostraremos neste capítulo, foi, sem dúvida, Thomas S. Kuhn quem introduziu modificações profundas na maneira de compreender a ciência, na medida em que priorizou as dimensões históricas, sociais e psicológicas da pesquisa científica.

2. O empirismo lógico: A experiência como fundamento de conceitos científicos

A ideia de que uma teoria que se pretende científica deva possuir uma base na experiência não apenas levou os empiristas modernos a examinar o problema da validade de enunciados universais empíricos – enunciados que traduzem leis ou hipóteses científicas –, e que resultou na controvérsia em torno do problema da legitimidade da indução,[2] mas o princípio empirista vai se refletir também no âmbito da semântica, ou seja, segundo o princípio empirista, também o significado dos conceitos científicos deve possuir uma base na experiência ou na observação.

Já não se trata mais de descrever a gênese dos conceitos científicos como um processo que se realizaria a partir do registro de dados e que, mediante comparação dos objetos entre si, análise dos aspectos comuns e abstração das diferenças, se chegaria a um conceito geral, como pensavam os empiristas clássicos. O empirismo lógico não se preocupa mais em saber se os conceitos são adquiridos via abstração ou não; exige, contudo, que os conceitos científicos sejam passíveis de serem reduzidos a conceitos observacionais. O cerne da questão era o seguinte: se a ciência empírica pretende informar sobre o mundo empírico, real, factual, é preciso que seus conceitos tenham um fundamento empírico. Parece que essa pretensão só poderia ser realizada caso fosse possível mostrar que os conceitos da ciência eram passíveis de serem reduzidos, ou seja, traduzidos em uma linguagem observacional.

Não se pode negar que o núcleo dessa ideia seja intuitivamente plausível: exigir que teorias que pretendam ser informativas, que sustentam asseverar algo sobre o mundo factual, mostrem a relação que seus conceitos possuem com o real empírico. Contudo, esse ideal, ainda que plausível, mostrou-se não completamente isento de dificuldades, como veremos a seguir:

De que maneira se pode ou se deve entender a dependência de um conceito relativamente à experiência? Noutros termos, como se processa a redução de conceitos científicos a termos observacionais?

A princípio, Carnap e os representantes do empirismo lógico no Círculo de Viena eram de opinião que todos os conceitos científicos, sobretudo aqueles que pareciam estar mais distantes da observação, eram passíveis de serem reduzidos a termos observacionais mediante definição.

---

2. Ver item 3.1 deste capítulo.

Todos os enunciados científicos deveriam ser passíveis de tradução em uma linguagem que só conteria termos observacionais.

Foi o próprio Carnap quem se deu conta de que essa redução "definicional" deparava com insuperáveis problemas. A dificuldade para oferecer uma definição surgia já no nível dos chamados termos disposicionais. Termos disposicionais, como a palavra sugere, são termos que denotam uma disposição, ou seja, uma tendência de um determinado objeto para, sob determinadas circunstâncias ou condições de teste, apresentar uma determinada reação ou comportamento. Como exemplos de termos disposicionais poderíamos mencionar: frágil, solúvel, elástico, magnético, inteligente, introvertido etc. Para mostrar que tais termos não são passíveis de definição, exemplifiquemos com o auxílio do conceito *solúvel em água*. Parece não haver dúvida de que tal conceito tenha significação empírica. Entretanto, como veremos agora, as dificuldades que se enfrentam para oferecer uma definição atingem também esse conceito; parece intuitivamente plausível definirmos *solúvel em água* da seguinte maneira – um objeto x é solúvel em água, uma vez satisfeitas as seguintes condições: se x é colocado na água, então x se desmancha.

Essa definição – aparentemente plausível – é todavia inadequada. O enunciado "se x é colocado na água, então x se desmancha" é um condicional. E a lógica ensina que um condicional é verdadeiro sempre que seu antecedente for falso. Imagine-se que *a* seja um pedaço de madeira que nunca foi colocado na água. Sendo de madeira, certamente que *a* não é solúvel em água. Entretanto, de acordo com a definição proposta, seria considerado solúvel, dada a falsidade do antecedente. Em suma, a definição proposta não traduz o significado que desejaríamos dar ao termo *solúvel*, pois qualquer objeto que não fosse colocado na água satisfaria a definição.

Em vista da dificuldade ora apontada, tentou-se a seguinte solução: impor como condição prévia que o objeto fosse colocado na água, para só então cogitar se o mesmo seria ou não solúvel. Teríamos, então: se um objeto x é colocado na água, então ele é solúvel se e somente se ele se desmancha. Sentenças desse tipo foram denominadas por Carnap *sentenças redutoras*. Entretanto, se atentarmos melhor, verificaremos que tais sentenças não dão o significado total para o termo disposicional. Elas explicitam o predicado disposicional (em nosso caso, o termo *solúvel*) apenas para aqueles objetos que satisfazem a condição prévia (em nosso caso, a condição de ser colocado na água). Elas nada declaram a respeito de um objeto, quando a requerida condição prévia não pôde ser realizada.

As sentenças redutoras constituem um meio para a formulação das chamadas definições operacionais. Contudo, estas não podem, a rigor, ser caracterizadas como definições propriamente ditas; são apenas determinações ou interpretações parciais do significado de um conceito – já que o conceito "é deixado em aberto", ele não é definido nos casos em que a requerida condição prévia não é realizada. Além disso, os conceitos mais abstratos da física teórica não são passíveis de serem determinados por critérios operacionais. Nessa medida, vale dizer que o programa reducionista do empirismo lógico mostrou não ser de todo realizável. Teve o mérito, contudo, de chamar a atenção para o caráter aberto, para a chamada *open texture* dos conceitos disposicionais.[3]

3. O racionalismo crítico de Karl R. Popper

Segundo relato autobiográfico, Karl R. Popper (que nasceu em 1902 em Viena) desenvolveu os primeiros elementos de sua filosofia da ciência no ano de 1919, pouco após o término da Primeira Grande Guerra. Na época, a Europa encontrava-se imersa em grande crise. Assim ele se pronunciou (1982a, p. 64):

> Após o colapso do Império Austríaco, a Áustria havia passado por uma revolução: a atmosfera estava carregada de *slogans* e idéias revolucionárias; circulavam teorias novas e freqüentemente extravagantes. Dentre as que me interessavam, a teoria da relatividade de Einstein era sem dúvida a mais importante; as outras três eram a teoria de Marx, a psicanálise de Freud e a psicologia individual de Alfred Adler.

---

3. Uma obra importante que nos apresenta o pensamento de R. Carnap, o qual corporifica, em certo sentido, a evolução do empirismo lógico, é a de Pasquinelli 1983; também Stegmüller 1977, vol. 1, cap. IX, pp. 274-329, aborda momentos importantes do empirismo lógico e do pensamento de R. Carnap.

O problema que o intrigou, levando-o à formulação de uma das teses fundamentais de sua teoria da ciência, recebeu a seguinte caracterização (*ibidem*, p. 63):

> Naquela época, não estava preocupado com as questões: "Quando é verdadeira uma teoria?" ou "Quando é aceitável uma teoria?". Meu problema era outro. Desejava traçar uma distinção entre a ciência e a pseudociência, pois sabia muito bem que a ciência freqüentemente comete erros, ao passo que a pseudociência pode encontrar acidentalmente a verdade.

Popper enfocou a diferença fundamental que parecia haver entre, de um lado, a teoria da relatividade, e, de outro, as três teorias anteriormente mencionadas, da seguinte maneira (*ibidem*, p. 64):

> Percebi que meus amigos admiradores de Marx, Freud e Adler impressionavam-se com uma série de pontos comuns às três teorias, e sobretudo com sua aparente capacidade de explicação. Essas teorias pareciam poder explicar praticamente tudo em seus respectivos campos. O estudo de qualquer uma delas parecia ter o efeito de uma conversão ou revelação intelectual, abrindo os olhos para uma nova verdade, escondida dos ainda não-iniciados. Uma vez abertos os olhos, podia-se ver exemplos confirmadores em toda parte: o mundo estava repleto de verificações da teoria. Qualquer coisa que acontecesse vinha confirmar isso.

Indagando-se por que tais teorias pareciam confirmadas pela experiência, concluiu que tais confirmações eram apenas aparentes, pois o que ocorria era que os casos considerados confirmadores eram sempre interpretados à luz da teoria em questão, dando assim a ilusão de uma genuína confirmação (*ibidem*, p. 65). De fato, porém, tais teorias não eram testadas com base na experiência; os resultados da experiência é que eram interpretados à luz da teoria; ou seja, a experiência era lida de um modo que ela sempre se acomodava à teoria. Fundamentalmente diferente parecia ser a situação concernente à teoria da relatividade. Essa teoria parecia aberta à refutação; parecia suscetível de ser derrubada em consequência de um teste empírico refutador. Popper lembra, nesse contexto, que a teoria geral da relatividade previa que a luz deveria ser atraída por corpos pesados. Einstein deu-se conta de que, caso sua teoria fosse verdadeira, a luz que vinha de uma estrela para a Terra, passando próxima do Sol, deveria defletir, em virtude da atração gravitacional do Sol. Tal previsão era testável e a experiência a corroborou em 1919. Como descreveu Popper, o aspecto relevante do caso era o "risco envolvido numa predição desse tipo" (*ibidem*, p. 66). Se as observações tivessem mostrado que o efeito previsto não ocorrera, a teoria em questão teria sido simplesmente refutada (*ibidem*).

Em suma, a teoria da relatividade pode, em princípio, mostrar-se incompatível com resultados de observação. Ela é, no dizer de Popper, "falseável", ou seja, refutável. As três teorias precedentes não são falseáveis; não são capazes de sustentar predições que possam, em princípio, colocar em risco as teorias em que se baseiam.

Tais reflexões levaram Popper a encontrar a solução para seu problema: o critério que distingue a ciência empírica das especulações pseudocientíficas é a falseabilidade. Uma teoria que pretende ser empírica, ou seja, que reivindica fazer asserções sobre o mundo real, factual, deve, em princípio, ser refutável. A capacidade que uma teoria tem de poder colidir com a realidade é a medida que temos para afirmar que tal teoria é informativa, que ela nos diz algo sobre a realidade.

Podemos resumir as considerações de Popper da seguinte maneira:

É fácil obter confirmações para quase toda teoria, uma vez que as procuremos. Por isso, as confirmações só devem ser levadas em conta caso resultem de predições arriscadas, isto é, predições que, se não realizadas, refutariam a teoria. "Toda teoria científica 'boa' é uma proibição: ela proíbe certas coisas de acontecer. Quanto mais uma teoria proíbe, melhor ela é" (*ibidem*).

Uma teoria que não proibisse nada seria compatível com qualquer evento ou estado de coisas possível. Nesse caso, dificilmente poderíamos dizer que ela é informativa. Como diz Popper, "a irrefutabilidade não é uma virtude, como freqüentemente se pensa, mas um vício" (*ibidem*).

Daí se segue que todo teste genuíno de uma teoria é uma tentativa de refutá-la. Uma teoria é testável na medida em que for possível dizer em que condições ela seria dada como falsa. A evidência confirmadora só deve ser levada a sério caso resulte de um teste genuíno da teoria, ou seja, caso ela resulte de uma tentativa séria, porém malograda, de refutar a teoria. Numa palavra, o que define o estatuto da ciência empírica para uma teoria é a sua testabilidade, refutabilidade ou falseabilidade.

Nas considerações acima estão contidas as ideias básicas da filosofia popperiana da ciência e que irão, juntamente com os resultados de sua crítica à indução, inspirar sua metodologia.

3.1. O problema da indução

Popper foi despertado para o chamado problema da indução em 1923, após leitura do empirista britânico David Hume (1711-1776). Segundo Hume, a experiência nos dá impressões sensíveis; tais dados de observação são apreendidos isoladamente um do outro; é o sujeito que estabelece conexões entre eles. Como tais conexões não provêm da experiência, devem ser consideradas produtos do sujeito cognoscente. Temos aí um empirismo radical, que tem por consequência a destruição do conceito de causalidade: conexões causais entre eventos do mundo sensível não são dados de experiência, porém, construções do sujeito. A experiência nos mostra apenas a sucessão de vários eventos, mas não atesta qualquer elemento de necessidade nessa sucessão. Ocorre que a ideia de necessidade está implícita na ideia de causalidade. Dizer que A é a causa de B é dizer que o evento A produz necessariamente o evento B. Segundo Hume, o fato de um acontecimento A vir sempre acompanhado de um acontecimento B não nos permite concluir que, no futuro, A virá sempre acompanhado de B. Na medida em que Hume negou que possamos inferir qualquer coisa que transcenda o que nos foi dado na experiência, ele negou também qualquer base lógica ou racional à indução, pois a indução nada mais é que uma inferência cujas premissas descrevem dados de observação e cuja conclusão descreve um estado de coisas não observado.

Todavia, Hume não negou que a indução (inferência indutiva) fosse efetuada na vida prática. Explica o uso da indução fazendo apelo à força que o hábito desempenha na vida de todos nós: observamos a sequência repetida de dois eventos, com o tempo nos acostumamos a essa repetição e passamos a considerar o evento anterior como causa do subsequente. Em suma, Hume nega que a indução possua uma base lógica. De um ponto de vista meramente lógico, a inferência indutiva não pode ser legitimada. Explica psicologicamente o fato de efetuarmos inferências indutivas recorrendo à força que o hábito desempenha em nossa vida. Popper aceita o argumento lógico contra a indução. Discorda com respeito à solução do aspecto psicológico do problema. Segundo Popper (1982a, p. 74), não é a observação de repetições que dá origem a uma convicção. Hume emprega a palavra *repetição* de um modo extremamente ingênuo:

> A idéia central da teoria de Hume é a da repetição baseada na similaridade (ou semelhança). Essa idéia é usada de maneira muito pouco crítica; somos levados a pensar nas gotas de água a corroer a pedra: seqüências de eventos inquestionavelmente semelhantes impondo-se a nós vagarosamente, como o funcionamento de um relógio. Mas devemos notar que, numa teoria psicológica como a de Hume, só se pode admitir que tenha efeito sobre o indivíduo aquilo que para ele se caracteriza como uma repetição, baseada em similaridade que só ele poderá identificar. O indivíduo deve reagir às situações como se fossem equivalentes; deve considerá-las similares; deve interpretá-las como repetições.

A concepção ingênua, segundo a qual dois eventos seriam em si similares, precisa ser substituída pela tese segundo a qual é o sujeito que interpreta dois eventos como semelhantes. Como tais interpretações somente são possíveis se se pressupõe a existência de pontos de vista que tornam possível a identificação de duas coisas ou de dois eventos como semelhantes, parece refutada a tese de Hume de que as pessoas partem da observação da repetição e formulam expectativas acerca do futuro comportamento das coisas. A expectativa é – para Popper – a pré-condição para a observação de uniformidades e não uma consequência dela (*ibidem*, pp 75-76).

> Fui levado portanto, por considerações puramente lógicas, a substituir a teoria psicológica da indução pelo ponto de vista seguinte: em vez de esperar passivamente que as repetições nos

imponham suas regularidades, procuramos de modo ativo impor regularidades ao mundo. Tentamos identificar similaridades e interpretá-las em termos de leis que inventamos. Sem nos determos em premissas, damos um salto para chegar a conclusões – que precisamos pôr de lado, caso as observações não as corroborem.

"A crença segundo a qual a ciência progride da observação à teoria é absurda; a 'observação' é sempre seletiva: exige um objeto, uma tarefa definida, um interesse especial, um problema" (*ibidem*, p. 76). O conhecimento não tem início com a experiência, mas com uma teoria, que, no confronto com a experiência, é corroborada ou refutada. A ciência começa com a percepção de um problema, o qual nada mais é do que a discrepância entre a teoria, a convicção ou a expectativa e os dados da observação. Sem uma teoria prévia não é possível qualquer observação.

A metodologia de Popper resulta – como mostraremos a seguir – da união de duas teses: da solução que ele apresenta ao problema da indução e de sua resposta ao problema da demarcação.

3.2. Uma metodologia negativa

A moderna metodologia da ciência foi altamente influenciada por Karl R. Popper, sobretudo por sua obra intitulada *Logik der Forschung* (*A lógica da pesquisa científica*), publicada em meados dos anos 1930.

Stegmüller (1974, pp. 440-441) assim resumiu os principais pontos de sua metodologia:

1) Popper não exige que os enunciados da ciência empírica sejam passíveis de verificação (*verificação* significa, nesse contexto, "demonstração da verdade"). Pois, se reservássemos o predicado *científico* somente àqueles enunciados verificáveis, seríamos obrigados a considerar como não científicos exatamente aqueles enunciados mais interessantes, ou seja, enunciados que exprimem leis naturais ou teorias, pois tais enunciados não são passíveis de verificação. Por que enunciados que exprimem leis não são suscetíveis de verificação? Para respondermos a essa pergunta, é suficiente que examinemos a estrutura lógica dos enunciados nomológicos, isto é, que exprimem leis, e a dos enunciados que descrevem dados de

observação. Os enunciados nomológicos são estritamente universais, isto é, pretendem valer para qualquer tempo e lugar, ao passo que os enunciados de observação são singulares, quer dizer, descrevem um evento ou fato ocorrido em um determinado tempo e em um determinado lugar. Os dados de experiência são, pois, extraordinariamente limitados. Se alguém quisesse verificar – portanto, demonstrar a verdade de – um enunciado nomológico, precisaria examinar todo o universo (em toda a sua amplitude espaçotemporal) e, só após o término desse exame, poderia falar em verificação, desde que, obviamente, nenhum contraexemplo tivesse sido encontrado. É claro que tal verificação é impossível.

2) Diante desse argumento muitos empiristas abandonaram a exigência de verificação conclusiva e passaram a exigir somente a confirmação para os enunciados universais. Para Popper essa exigência mais "liberal" não consegue alterar fundamentalmente o estado da questão, pois enunciados pseudocientíficos são passíveis de confirmação. Logo, a possibilidade de confirmação positiva não pode servir como critério para estabelecer as fronteiras entre a ciência e a pseudociência. Consequentemente, o método da ciência não pode ser o da busca de verificação ou de confirmação de hipóteses.

3) Para Popper o método das ciências empíricas deve ser caracterizado de outra forma. Ele parte de uma nova ideia de ciência; abandona aquele ideal aristotélico, segundo o qual a ciência estaria em condições de propiciar um saber definitivo. A atitude de Popper frente ao problema do conhecimento difere da atitude da maioria dos filósofos. Ele não propõe caminhos ou um método que nos conduzam invariavelmente à verdade. Tais caminhos não existem. A ciência não se distingue da metafísica pelo fato de proceder metódica e rigorosamente, ao passo que a metafísica especularia. Segundo Popper, tanto a ciência como a metafísica especulam. Somente por meio da especulação é que temos ao menos uma chance de acesso a algum enunciado verdadeiro acerca da realidade. Como surgem as hipóteses, de onde elas provêm, isso é secundário (Popper 1982a, p. 58). Importa saber se nossas hipóteses são testáveis empiricamente ou não. A recomendação metodológica de Popper pode ser a seguinte:

Não se atenha ao estritamente observável; invente hipóteses ricas, conjecturas audaciosas e fecundas, que possuam alto grau de conteúdo informativo, capazes de propiciar predições testáveis.

Parece que Popper tem razão nesse ponto: se os cientistas não tivessem ousado formular hipóteses que ultrapassassem o horizonte do estritamente observável, certamente nenhuma das grandiosas descobertas e invenções teria sido possível.

4) O método popperiano compreende, pois, dois momentos: o primeiro momento é o da criatividade, da construção, da formulação de hipóteses ousadas, ricas em teor informativo; o segundo momento é o do teste dessas hipóteses. O teste deve ser rigoroso, encarado como tentativa séria de refutação ou falseamento. O que caracteriza o procedimento científico é a busca de hipóteses testáveis e a consequente disposição para procurar refutá-las. O que caracteriza a pseudociência é que ela recorre a uma estratégia de imunização para contornar a refutação. Quando uma previsão astrológica se revela falsa, o astrólogo encontra uma série de desculpas para isso; não aceita a refutação, fazendo valer que as condições para que a predição se confirmasse não foram realizadas e que, portanto, a refutação foi meramente aparente (Stegmüller 1974).

5) O modelo indutivista de ciência é substituído por uma concepção hipotético-dedutiva. Ou seja, toda ciência parte de um fato-problema que reclama por uma hipótese explicativa. A hipótese formulada para explicar o fato deve ser submetida a teste. O teste se processa da seguinte maneira:

Da hipótese em questão são deduzidas algumas consequências preditivas. Tais consequências são confrontadas com os fatos. Caso elas se mostrem falsas, a hipótese é dada por refutada (falseada). Se se revelarem verdadeiras, a hipótese em questão é dada por corroborada. *Corroborada* não significa "confirmada como verdadeira ou como provável". Significa apenas que a hipótese em tela resistiu até então às tentativas de refutação; até então a hipótese mostrou sua têmpera, não tendo sido falseada; a corroboração nada indica a respeito do futuro de uma hipótese, ou seja, um dia ela poderá ser refutada.

A teoria clássica da ciência sempre considerou que, para que um conhecimento merecesse o predicado *científico*, deveria repousar em bases sólidas e seguras, capazes de garantir certezas absolutas e verdades indubitáveis. Daí o intento de muitas epistemologias no sentido de isolar um ponto arquimédico do conhecimento, capaz de sustentar todo o edifício da ciência (Descartes parece oferecer um exemplo desse tipo de epistemologia, mas há sem dúvida muitos outros na história da filosofia). Popper rompe com essa tradição. O preço que se paga pela posse de certezas, de verdades indubitáveis, é muito alto: é a perda de conteúdo empírico, a conquista da trivialidade. Ou, como diz Popper: sentenças do tipo "todas as mesas são mesas" são muito mais certas e indubitáveis do que as teorias de Newton ou de Einstein. Mas, na medida em que são certas, são também desinteressantes, desprovidas de conteúdo, triviais. A meta da ciência não deve ser, por conseguinte, a busca de fundamentos inabaláveis ou de certezas indubitáveis, mas, sim, a construção de hipóteses férteis que ofereçam solução para algum problema (Popper 1975).

Para finalizarmos, devemos dizer que para Popper o conhecimento científico sempre conserva seu caráter hipotético, conjectural. Por maior que seja o grau de corroboração de uma hipótese, ela não perde seu caráter de conjectura. Nunca se pode ter certeza se ela é verdadeira ou não.

O conhecimento científico é o resultado de uma tensão entre nosso conhecimento e nossa ignorância. Aprendemos com nossos erros e o conhecimento avança unicamente por meio do enfrentamento de um obstáculo, isto é, da consciência do erro e de sua consequente correção (Popper 1982b, p. 242). Popper salienta muitas vezes que a ciência tem sua origem em problemas e não propriamente na observação pura e simples. Fato é que não existe observação pura, mas toda observação é guiada por um interesse, norteada por uma expectativa, impregnada por uma teoria. O problema consiste – como dissemos – na discrepância entre nossas teorias (expectativas, convicções, antecipações) e os dados de observação. Toda teoria fecunda, valiosa, oferece resposta aos problemas para os quais foi chamada a solucionar, mas suscita novos problemas. A maior contribuição que uma teoria pode dar ao progresso do conhecimento reside em sua capacidade de levantar problemas. Sendo assim, o conhecimento não apenas tem origem em problemas; ele termina sempre em problemas de maior profundidade e fecundidade.

4. Thomas S. Kuhn ou O desafio da história

As teses de Popper provocaram a reação de muitos filósofos, sobretudo daqueles voltados para o estudo da história da ciência, como é o caso de Thomas S. Kuhn. Físico teórico, em 1962 lançou seu livro *A estrutura das revoluções científicas*, que teve enorme ressonância entre filósofos, historiadores, sociólogos e psicólogos.

Segundo Kuhn, nem o empirismo lógico nem a teoria de Popper são capazes de oferecer uma compreensão adequada da ciência. Sendo esta um fenômeno histórico, só pode ser adequadamente apreendida por uma teoria que leve em conta sua dimensão histórica.

A teoria de Kuhn gravita em torno de quatro categorias fundamentais, com o auxílio das quais pretende reconstruir a dinâmica da ciência: ciência normal, paradigma, crise e revolução.

4.1. A ciência normal

Para compreendermos o que vem a ser uma revolução científica, é necessário que acompanhemos o desenvolvimento de uma ciência no decorrer de um período mais ou menos prolongado de tempo. O significado de uma revolução somente se torna patente quando contrastado com os períodos que a precederam e a sucederam.

Kuhn distingue a fase que ele chama de *ciência normal* da fase da *ciência revolucionária*. O que é a ciência normal? Podemos dizer que a maioria dos cientistas se ocupa durante toda a sua vida profissional com aquilo que Kuhn denomina *ciência normal*. Por meio de instrução e treinamento recebidos, o cientista normal desenvolve uma determinada concepção acerca da natureza, um modo especial de enxergar a realidade, objeto de investigação de sua área de pesquisa. Tal concepção da natureza ou modo de ver a realidade não deixa de possuir as características de preconceitos ou presunções acerca de como a natureza é constituída. Esses preconceitos adquiridos moldam-lhe a visão da realidade, de sorte que o cientista normal acredita que o universo se ajusta efetivamente às suas concepções, preconceitos ou presunções. A ciência normal "reprime por vezes novidades fundamentais", pois estas são necessariamente "subversivas" (Kuhn 1978, p. 24).

A ciência normal não está, primariamente, orientada para a descoberta do novo. Pelo contrário, sua preocupação básica é a de submeter a natureza a esquemas conceituais fornecidos pela educação profissional (*ibidem*).

Além de equipar o futuro cientista com uma determinada visão de mundo, o período de formação ou socialização se destina também a habilitar o educando a desenvolver técnicas que o auxiliam futuramente no manejo metódico dos fenômenos naturais. Ensina-o a operar com aparelhos e instrumentos, a realizar pesquisas. Tal aprendizado não se processa apenas no nível teórico, mas é imitando e praticando que o candidato a cientista desenvolve a habilitação necessária à vida profissional (Schneider 1978, p. 7).

(...) o processo de aprendizado de uma teoria depende do estudo das aplicações, incluindo-se aí a prática na resolução de problemas, seja com lápis e papel, seja com instrumentos num laboratório. Se, por exemplo, o estudioso da dinâmica newtoniana descobrir o significado de termos como "força", "massa", "espaço" e "tempo", será menos porque utilizou as definições incompletas (embora algumas vezes úteis) do seu manual, do que por ter observado e participado da aplicação desses conceitos à resolução de problemas. (Kuhn 1978, pp. 71-72)

Este processo de aprendizagem através de exercícios com papel e lápis ou através da prática continua durante todo o processo de iniciação profissional. (*Ibidem*, p. 72)

O que mais pode ser dito acerca da fase de preparação para a ciência normal?

Além de internalizarem uma concepção teórica e de aprenderem técnicas, os iniciantes mantêm contato com uma outra fonte de saber no âmbito da ciência normal, a qual tem a ver com aquilo que M. Polanyi chamou de conhecimento tácito (Polanyi 1966; Kuhn 1978, p. 237 ss.; Schneider 1978). Trata-se de uma espécie de saber não pronunciado ou explicitamente formulado que se transmite naturalmente do professor para o aluno, sem que o processo lhes seja consciente. Tal conhecimento tácito funda-se na interiorização de determinadas formas sociais de comportamento e no desenvolvimento de uma determinada postura mental. Isso envolve não só a incorporação de determinadas maneiras de lidar com outros membros da comunidade científica, mas também a tomada de consciência de que determinados temas acabam merecendo abordagem privilegiada, ao passo que acerca de outros prefere-se o silêncio.

Todo esse conjunto de hábitos se faz necessário para um trabalho científico bem-sucedido. Dificilmente esses hábitos são postos em discussão, pois toda essa rede de posturas, técnicas e saberes é muito pouco transparente.

> O fato de os cientistas usualmente não perguntarem ou debaterem a respeito do que faz com que um problema ou solução particular sejam considerados legítimos nos leva a supor que, pelo menos intuitivamente, eles conhecem a resposta. Mas esse fato pode indicar tão-somente que nem a questão nem a resposta são consideradas relevantes para suas pesquisas. (Kuhn 1978, p. 71)

Passemos agora a estudar uma outra categoria fundamental para Kuhn: o paradigma.

4.2. O paradigma

Os primórdios de uma disciplina científica são caracterizados, em geral, pela concorrência entre diversas escolas ou tendências. Numa fase inicial não existe consenso no que diz respeito à natureza dos respectivos fenômenos, nem quanto aos métodos adequados à sua investigação. Prevalece um debate intenso em torno de questões fundamentais da área de investigação, que só chegará a termo no momento em que emergir uma construção teórica, acolhida como superior às suas correntes, e que se afigura tão atraente e promissora que passa então a receber adesão da maioria dos cientistas (Kuhn 1978, pp. 23, 32-37).

A física, a química e a biologia, bem como a maioria de suas ramificações, há muito que lograram alcançar esse nível de maturidade. A aceitação de uma construção teórica pela maioria dos cientistas costuma pôr fim às controvérsias e polêmicas acerca dos fundamentos de uma disciplina. Tal construção é, via de regra, tão convincente e sedutora que passa a oferecer a base teórica e metodológica para o trabalho subsequente na disciplina em questão. A uma realização científica dessa envergadura, Kuhn dá o nome de *paradigma*. Como exemplos de paradigmas Kuhn menciona, entre outros, a física de Aristóteles, a astronomia de Ptolomeu e a de Copérnico, a óptica de Newton etc.

A partir do momento em que um paradigma se impõe frente a uma comunidade de pesquisadores, verificam-se as seguintes consequências (Bayertz 1981, pp. 20-21):

a) *no plano cognitivo*: surge consenso no que diz respeito à natureza dos fenômenos (por exemplo, quanto à natureza da luz, será ela composta de partículas de matéria, ou será um movimento ondulatório, ou ainda composta de fótons, ou seja, de entidades quântico-mecânicas que exibem características de ondas e outras de partículas etc.). Desaparecem, portanto, as escolas e teorias rivalizantes acerca da constituição dos fenômenos.

b) *no plano social*: surge uma comunidade de cientistas que possuem as mesmas convicções, que partilham o mesmo paradigma. Constitui-se, assim, um grupo homogêneo, que transmite a seus discípulos uma mesma doutrina.

O paradigma caracteriza, portanto, o conjunto de tudo aquilo que une os membros de uma comunidade científica. Como o paradigma possui também uma dimensão social, ele não pode simplesmente ser substituído pelo conceito de teoria.

Em seu ensaio *A estrutura das revoluções científicas* (Kuhn 1978), o conceito de paradigma não apresenta um significado preciso, razão pela qual alguns críticos passaram a duvidar da fecundidade de tal conceito; M. Mastermann (*in* Lakatos e Musgrave 1979, pp. 72-108), que efetuou uma análise do conceito de paradigma na obra de Kuhn, detectou 21 acepções diferentes desse conceito, as quais podem ser agrupadas em três categorias:

1) O primeiro significado é de cunho filosófico. Em algumas passagens, Kuhn fala que a ciência envolve um elemento de fé, que o paradigma determina nossa imagem de mundo e de todo o nosso modo de perceber a realidade. O paradigma fornece ao cientista uma espécie de

cosmovisão, ou seja, um arcabouço teórico de cunho bem geral, o qual não é o resultado direto de experiências, mas que direciona qualquer experiência.

2) O segundo significado do conceito de paradigma refere-se à estrutura social da comunidade científica; nesse sentido, Kuhn caracteriza os paradigmas como "realizações científicas universalmente reconhecidas que, durante algum tempo, fornecem problemas e soluções modelares para uma comunidade de praticantes de uma ciência" (1978, p. 13).

Uma vez que os paradigmas são reconhecidos pela maioria e fornecem a base para a pesquisa subsequente, eles adquirem uma dimensão normativa, na medida em que prescrevem aos pesquisadores quais os procedimentos que são legítimos e quais não o são. O paradigma representa, então, aquela sólida rede de compromissos ou adesões (*ibidem*, p. 65) que delineia o quadro da estratégia a ser adotada.

3) O terceiro significado do conceito de paradigma refere-se ao fato de que, na ciência, frequentemente ocorre que uma determinada realização científica é tomada como modelo para soluções de problemas em outras áreas de estudo. Nesse sentido, o paradigma desempenha o papel de um instrumento de pesquisa; isso quer dizer que um determinado problema científico é tratado como um caso especial ou particular de um outro problema, para o qual já existe uma solução paradigmática.

É pelo paradigma que determinada região da realidade é recortada, delimitada e transformada em objeto de pesquisa científica. O que transcende os limites dessa região não interessa normalmente ao cientista ou não precisa interessá-lo. Com isso, o espaço em que se desenvolvem os problemas se restringe ao âmbito daquilo que é coberto pelo paradigma. Aí estão os problemas considerados legítimos; o que ultrapassa essas fronteiras é desqualificado como não científico.

Posto isso, entende-se por que Kuhn compara a atividade do cientista normal com a de um solucionador de quebra-cabeças. Quem se propõe a resolver um quebra-cabeça sabe, de antemão, que ele comporta solução. Assim também o cientista normal parte do pressuposto de que as questões definidas no horizonte de um paradigma admitem solução no próprio âmbito do paradigma. Até mesmo as respostas às questões possíveis são de certa forma antecipadas ou prefiguradas, de sorte que é possível pressentir como se afigurará a solução de um quebra-cabeça científico.

Outra característica do paradigma é que ele não é propriedade individual de um único cientista, porém, propriedade coletiva da comunidade científica. Por receber adesão coletiva, ele é tido por inatacável (Schneider 1978). Como diz Kuhn (*in* Lakatos e Musgrave 1979, p. 12), "é precisamente o abandono do discurso crítico que assinala a transição para uma ciência".

Daí decorre que, quando algum cientista não obtém êxito na solução de um quebra-cabeça, a comunidade não considera que o paradigma foi refutado, mas atribui o fracasso à incompetência do cientista. Kuhn nega a existência de experiências falseadoras (no sentido de Popper). Não nega, naturalmente, a existência de fenômenos recalcitrantes, que não se ajustam facilmente ao paradigma. Nega que eles tenham a função que Popper lhes atribui. Havendo discrepância entre efeito prognosticado e teoria, a responsabilidade não é da teoria e sim da pessoa que a utiliza mal. Uma vez que o paradigma é propriedade coletiva, ele goza de certas imunidades, tem existência duradoura e não perde facilmente sua credibilidade.

Kuhn não se cansa de pôr em relevo os traços conservadores da ciência normal. A aceitação de um paradigma facilmente leva os pesquisadores a ignorar aquilo que não se ajusta à concepção paradigmática. Outra consequência da adesão ao paradigma é uma dose de intolerância, que culmina muitas vezes em uma resistência dos cientistas a novas descobertas. Além disso, não se pode esquecer, a atividade científica tem um forte componente social. Isso faz com que qualquer inovação dentro desse processo passe a ser vista como uma forma de comportamento desviante. Contudo, esse caráter dogmático da ciência normal parece ser indispensável ao seu funcionamento (Kuhn 1978, p. 45; *in* Deus 1976, pp. 53-80; *in* Taylor 1969, pp. 162-174).

Em um trabalho intitulado "The essential tension" ("A tensão fundamental") (*in* Taylor 1969, pp. 162-174), Kuhn alega que somente aqueles pesquisadores fortemente enraizados na tradição científica dominante é que têm chances de romper com ela e criar uma nova tradição de pesquisa. Parece paradoxal: apesar de a ciência normal não estar primariamente direcionada para a descoberta do novo e se mostrar até mesmo intolerante frente a inovações, ela é condição de possibilidade de emergência do novo. Pois é exatamente aquele trabalho minucioso, dirigido ao pormenor, aquele esforço no sentido de aplainar as arestas do paradigma a fim de que a natureza possa se ajustar melhor a ele, é isso que cria as condições de possibilidade para que as atenções se dirijam às dificuldades, de cujo enfrentamento dependerão os progressos decisivos na ciência pura. A concentração no detalhe e a consequente articulação do paradigma desempenham, assim, importante papel na produção do novo, pois propiciam a emergência de anomalias que sinalizam ao cientista que é chegada a hora de buscar um novo paradigma. O trabalho miúdo, efetuado pelo artesão científico, tem, pois, papel mediador na emergência do novo.

4.3. Crise e revolução

A ciência não vive só de triunfos. Passado o período em que o paradigma é articulado e suas possibilidades de nutrir a pesquisa foram exauridas, surgem problemas não passíveis de solução no horizonte do paradigma. Surgem as chamadas anomalias: fenômenos desafiantes, proibidos pelo paradigma. Fracassam as tentativas de dominar as dificuldades. O paradigma está ameaçado. A fase de triunfo, da acumulação bem-sucedida de saber, cede lugar a um período de crise. A credibilidade do paradigma sofre um sério revés. Impera o ceticismo quanto ao futuro desempenho do paradigma. Essa é a situação que imediatamente antecede o advento de uma revolução científica. Diante do fracasso do paradigma e em meio a todo um ceticismo da comunidade, proliferam ideias a respeito de como as anomalias podem ser enfrentadas. Especulações ousadas conquistam espaço sobre a argumentação lógica. As crises terminam com a emergência de um novo paradigma e com a subsequente batalha para a sua aceitação (Kuhn 1978, p. 116). A transição de uma concepção de mundo para outra é menos o efeito da argumentação lógico-racional do que o resultado de um processo que se realiza mediante ajuda da fantasia e da intuição. Contudo, o novo paradigma só poderá se impor caso os cientistas sejam capazes de vislumbrar conexões até então inesperadas. A questão é que, de início, um novo paradigma não soluciona todos os problemas deixados em aberto pelo paradigma anterior. Ele é mais uma "promessa de sucesso" (*ibidem*, p. 44). O período de ciência normal que se inaugura é o intento de "atualização dessa promessa" (*ibidem*). Aderir a um novo paradigma é como dar um salto no vazio, o qual é precedido, via de regra, por muita confusão e inquietação. É paulatinamente que o novo paradigma vai plasmando uma nova imagem do mundo. Frequentemente é difícil para a maioria dos membros de uma comunidade científica se despojar das convicções até então acalentadas para poder acompanhar a mudança e se adaptar ao novo. Em geral, o resultado de uma revolução científica leva anos para ser assimilado pela comunidade (*ibidem*, pp. 190-191).

O avanço que decorre de uma revolução científica é de natureza diversa daquele promovido pela ciência normal. A revolução não apenas depura a imagem que se tem da realidade, enriquecendo-a com novas informações, mas a altera profundamente, iluminando a realidade por um ângulo até então inusitado.

Não existem, contudo, critérios gerais que determinam de modo unívoco, para cada situação possível, se uma dada discrepância entre paradigma e realidade pode ser vista como simples quebra-cabeça ou deve ser vista como anomalia. Isso é algo que vai depender da percepção da própria comunidade científica (*ibidem*, p. 113 ss.). De qualquer forma, Kuhn atribui à existência de uma crise papel importante na transição para uma nova fase de ciência normal, dominada por um paradigma sucessor. Parece que a crise está associada àquela dimensão normativa da ciência normal, ao seu conservadorismo, dogmatismo e relutância contra ideias inovadoras (*in* Taylor 1969, pp. 162-174).

Entretanto, como assinala K. Bayertz, parece que a importância concedida por Kuhn à categoria de crise não é tanto o resultado de uma análise histórica, mas uma exigência que deriva de seu modelo mesmo de ciência (Bayertz 1981, p. 57 ss.). Tudo indica que Kuhn precisava tornar plausível a transição de um paradigma para outro; precisava encontrar um elo entre a ciência normal e a revolução. A crise parece desempenhar esse papel. Sem crise, as revoluções pareceriam impossíveis.

Contudo, em que pesem as dúvidas quanto à existência efetiva de crises precedendo o advento de um novo paradigma, como é que, na visão de Kuhn, os cientistas reagem à crise? Não como preconizam os racionalistas críticos, porém, diferentemente. Apesar da desconfiança quanto à eficácia do paradigma, os cientistas não o abandonarão, pois não é possível pesquisar sem paradigma. De início vão continuar tentando resolver a anomalia no quadro do paradigma vigente (Kuhn 1978, p. 114).

Com o agravamento da crise, aquela ordem rigorosa que caracterizava a ciência normal cede lugar ao caos, a ciência normal cede lugar à pesquisa extraordinária (*ibidem*, pp. 113-114). A ciência extraordinária se desliga do paradigma, mantendo-se crítica frente a ele. Procura tornar mais aguda a crise, acentuar o colapso do paradigma até então inatacável; nessa fase pós-paradigmática, a pesquisa se torna aleatória; experimentos são feitos simplesmente com o objetivo de averiguar o que ocorre. Como nenhuma pesquisa pode ser efetuada por muito tempo, a menos que seja guiada por um paradigma, o cientista que vive a crise partirá para a especulação, tentará formular novas teorias, as quais, se tiverem êxito, poderão indicar a trilha para um novo paradigma. Em uma palavra, a ciência extraordinária é que parece se caracterizar por aqueles traços que Popper considerou típicos da ciência: teste, falseamento de concepções existentes, busca de alternativas (Kuhn 1979, p. 10 ss.).

5. À guisa de conclusão: Em torno do debate Popper-Kuhn

Como era de esperar, o ensaio de Kuhn sobre a estrutura das revoluções científicas foi recebido como um imenso desafio pela maioria dos filósofos da ciência. Isso é compreensível, pois as teses de Kuhn pareciam abalar profundamente convicções fortemente arraigadas entre a maioria dos epistemólogos e cientistas naturais, como, por exemplo, a convicção de que a ciência seria um empreendimento racional. Tal situação propiciou a formação de duas frentes: uma, representada por Karl R. Popper e seus discípulos, a outra, defendida por Thomas Kuhn. O embate entre as duas frentes revelou-se eminentemente fecundo, pois propiciou uma articulação mais clara, bem como uma revisão de vários aspectos de ambos os programas metodológicos, dando ensejo ainda a um desenvolvimento enriquecedor para a metodologia da ciência.[4]

Para facilitar a compreensão dos pontos conflitantes, bem como a fim de indicar uma caminho para uma possível compatibilização entre eles,

---

4. Para tomar ciência desse debate, recomenda-se a leitura de Lakatos e Musgrave 1979.

retomemos aqui alguns aspectos fundamentais da disputa assim como de seus antecedentes (Stegmüller 1977, pp. 353-391; 1974, pp. 167-211).

Em meados da década de 1930, quando Popper apresentou sua metodologia das ciências empíricas, suas teses provocaram grande impacto, tendo sido recebidas também como um desafio por parte de cientistas e filósofos empiristas, que acreditavam que a ciência natural procedia indutivamente. A concepção dominante na época era a de que o método indutivo caracterizava o procedimento das ciências da natureza.

É verdade que os empiristas lógicos nunca sustentaram que as leis científicas fossem descobertas por indução, ou seja, nunca admitiram a crença ingênua em que a investigação científica tivesse início com a observação de casos particulares, a partir dos quais se inferiria uma hipótese geral. Contudo, admitiam que a indução era o método adequado para *fundamentar* ou *justificar* uma hipótese ou suposta lei geral. Em outras palavras, mediante observação repetida seria possível descobrir algumas regularidades na natureza, as quais confirmariam a hipótese em questão, elevando o seu grau de probabilidade; o método indutivo era usado, então, não para descobrir hipóteses, mas, uma vez de posse de uma hipótese, tratava-se de confirmá-la indutivamente. Tentou-se até mesmo a construção de um sistema de lógica indutiva que teria por finalidade estabelecer as regras para tal confirmação indutiva de hipóteses.

Como sabemos, Popper rompe com essa tradição indutivista. Para ele, a crença na indução não passa de ficção. Sua metodologia é uma metodologia crítica, negativa, que não objetiva demonstrar a verdade nem a probabilidade de hipóteses, mas visa submetê-las ao crivo da crítica com o objetivo de eliminar aquelas que o teste revelar serem falsas. E a via de eliminação ou de exclusão de hipóteses falsas é dedutiva.[5]

Tanto para os indutivistas (empiristas lógicos) como para os dedutivistas (Popper e seus discípulos), a experiência desempenha um papel relevante na metodologia, ainda que distinto em cada uma dessas concepções: no indutivismo é a experiência que fornece a base sobre a qual se assenta a

---

5. Ver item 2 deste capítulo.

confirmação de uma hipótese; para o dedutivista é na experiência que se funda nossa conjectura de que uma determinada hipótese é falsa. E ambas as metodologias parecem ser construídas sobre uma base racional: regras de uma lógica indutiva, em um caso, regras de lógica dedutiva, em outro.

À primeira vista parece não haver outra saída para o impasse entre indutivismo e dedutivismo. Fora dessas duas alternativas só restaria o irracionalismo; ou seja, se a ciência não se orientar nem pela indução nem pela dedução, ela é, certamente, um empreendimento irracional. Eis que surge Thomas Kuhn defendendo uma posição que procura manter distância de ambas as anteriores: o caminho trilhado pela ciência não obedece a nada que tenha semelhança com regras indutivas – e nesse ponto concorda com Popper (Kuhn 1979, p. 18 ss.) –, mas também pouco tem a ver com o procedimento popperiano que recomenda a busca da refutação. A concepção de Kuhn foi acolhida como desafiante, até mesmo desnorteante: se o procedimento científico não visava nem à confirmação de hipóteses – via indução – nem à refutação das mesmas – via dedução –, não seria ele um procedimento irracional? Muitas das teses de Kuhn parecem, de fato, dar respaldo à ideia de que a ciência é realmente uma atividade irracional; frequentemente foi ele criticado por atribuir ao cientista posturas irracionais. Se, no entender de Kuhn, o abandono de um paradigma por parte de uma comunidade tem por fundamento não a sua refutação empírica, mas se prende ao fato de que, com o tempo, os defensores obstinados da antiga tradição acabam morrendo e, aos poucos, uma nova tradição de pesquisa acaba por triunfar (Kuhn 1978, p. 191), isso parece solapar qualquer vestígio de racionalidade na ciência. E se nos lembrarmos de como Kuhn descreve a comunidade de cientistas normais, nada mais plausível do que considerar irracionais aquelas pessoas pouco interessadas na crítica de convicções acolhidas e que seriam, além disso, teimosas, pois obstinadamente apegadas a uma hipótese, quando contraexemplos parecem indicar que a referida hipótese é falsa. A conclusão de Popper é que tal postura dogmática, acrítica, do cientista normal deve ser abandonada em favor de uma atitude crítica, aberta à refutação, pois somente por meio do teste constante de nossas hipóteses ou teorias é que temos a chance de desenvolver teorias melhores, que se aproximem mais da verdade (Popper 1979, pp. 63-71; Watkins 1979, pp. 33-48).

A questão que surge para nós é a seguinte: afinal, quem tem razão? A posição de Popper, que privilegia o espírito crítico, parece bastante saudável para a ciência. Mas a de Kuhn parece encontrar suficiente respaldo na história da ciência. E ele chega até a pôr em dúvida a existência de falseamentos, ou a admitir que, ainda que estes possam ocorrer, não possuem, nem de longe, a relevância que Popper lhes atribui (Kuhn 1978, p. 186).

Todavia, se Kuhn tem razão, não estaria a atividade científica impregnada de uma insuperável irracionalidade? Tal conclusão pessimista parece, contudo, não se impor. É preciso, sim, rever nosso conceito de racionalidade. Um dos méritos de Kuhn foi o de haver propiciado uma reflexão nesse sentido. E tal reflexão poderá mostrar que, mesmo preservadas as ideias centrais de Kuhn, não somos compelidos a considerar a ciência como um empreendimento irracional; trata-se antes de libertar-nos de um conceito estreito de racionalidade, mediante a descoberta de novas dimensões dessa racionalidade. E uma revisão desse conceito passa antes por uma revisão do conceito de teoria científica.[6]

Uma ideia bem sucinta e simplificada de como seria possível compatibilizar alguns dos pontos conflitantes entre as teorias de Popper e Kuhn pode ser dada assim:

Em primeiro lugar, é necessário abandonar aquela concepção segundo a qual as teorias científicas seriam sistemas de asserções ou de enunciados, passíveis, portanto, de serem verdadeiros ou falsos. Em vez disso, sugere-se que uma teoria seja interpretada como uma estrutura matemática conjugada com uma classe de aplicações da teoria.

Quando uma teoria é concebida, ela não se apresenta logo como algo acabado, articulado em todos os seus detalhes. De início, vemos apenas um quadro geral, arcabouço teórico, que contém uma estrutura matemática; além disso, conhecem-se algumas aplicações da teoria, alguns "exemplos

---

6. As considerações a seguir foram propiciadas pelo filósofo americano da ciência J.D. Sneed, *The logical structure of mathematical physics*. Apoiamo-nos na exposição de Stegmüller 1974.

paradigmáticos" que mostram onde ela pôde ser aplicada com êxito. A título de ilustração, lembremos que Newton deu os seguintes exemplos paradigmáticos para sua teoria: o sistema planetário, a queda livre dos corpos próximos da superfície terrestre, o movimento pendular, o fenômeno das marés etc. O núcleo estrutural de sua teoria é constituído por uma segunda lei, via de regra, traduzida assim: "a força é igual ao produto da massa pela aceleração". Tal núcleo estrutural não é passível de refutação. Uma teoria possui sempre inúmeras aplicações possíveis, ainda não conhecidas. A classe das aplicações possíveis não constitui, obviamente, um sistema acabado, fixado antecipadamente, ou que se conheça de antemão. Uma das tarefas da comunidade científica será exatamente a de procurar ampliar o âmbito de aplicação da teoria, descobrir leis especiais que tornem possível sua aplicação em outros domínios da realidade. Se essas tentativas de aplicação da teoria em outras regiões não forem coroadas de êxito, tal malogro não atinge a teoria enquanto tal, mas tão somente algumas hipóteses especiais levantadas para ampliar seu domínio de aplicação. Vejamos um exemplo. Newton havia prognosticado que, com o auxílio de sua mecânica de partículas, seria possível, um dia, explicar os fenômenos da óptica; contudo, todos os esforços nesse sentido foram inúteis; quando, no século XIX, impôs-se a teoria ondulatória da luz, nem por isso se considerou que a teoria newtoniana tivesse sido refutada; concluiu-se, porém, que a luz não era constituída de partículas. Noutros termos: promoveu-se uma alteração no âmbito de vigência da teoria, excluindo-se dele os fenômenos eletromagnéticos.

 Muitas vezes Kuhn sugere que na ciência não existem testes nem experiências de falseamento. Isso, porém, não corresponde à realidade. Existem refutações na ciência e, nesse sentido, Popper tem razão. Todavia, essas refutações não atingem a teoria enquanto tal, e sim determinadas hipóteses especiais levantadas na tentativa de tornar a teoria aplicável a uma determinada região. Mas o núcleo estrutural da teoria permanece imune à refutação e, nesse ponto, a razão está do lado de Kuhn.

 A comunidade científica não é irracional, como parece ter sugerido Kuhn. Dado que as teorias são irrefutáveis, numa época de transição, é normal haver defensores da teoria até então dominante, os quais esperam e acreditam que ela, um dia, dará conta das dificuldades ou anomalias encontradas, bem como defensores da nova teoria então nascente, que também acreditam e alimentam a esperança de que ela poderá consolidar seus êxitos iniciais, ampliando seu domínio de aplicação. E, a nosso ver, não há nada de irracional nesses comportamentos.

As concepções de Popper e Kuhn não são antagônicas como à primeira vista se supunha. Parece possível uma interpretação que viabilize uma compatibilização entre ambas. Para isso, contudo, revela-se necessário ir além de Popper e de Kuhn e procurar eliminar alguns exageros contidos, certamente, em ambas as teorias.

6. Referências bibliográficas

BAYERTZ, K. (1981). *Wissenschaftstheorie und Paradigmabegriff.* Stuttgart: J.B. Metzlersche Verlagsbuchhandlung.

DEUS, J.D. de (org.) (1979). *A crítica da ciência.* 2ª ed. Rio de Janeiro: Zahar.

KUHN, T.S. (1978). *A estrutura das revoluções científicas.* 2ª ed. São Paulo: Perspectiva.

LAKATOS, I. e MUSGRAVE, A. (orgs.) (1979). *A crítica e o desenvolvimento do conhecimento.* São Paulo: Cultrix/Edusp.

LOSEE, J. (1979). *Introdução histórica à filosofia da ciência.* São Paulo/Belo Horizonte: Edusp/Itatiaia.

PASQUINELLI, A. (1983). *Carnap e o positivismo lógico.* Lisboa: Ed. 70.

POLANYI, M. (1966). *The tacit dimension.* Nova York: Doubleday & Company Inc.

POPPER, K.R. (1975). "Duas faces do senso comum". *In*: POPPER, K.R. *Conhecimento objetivo.* Belo Horizonte: Itatiaia.

_____ (1982a). "Ciência: conjecturas e refutações. As origens do conhecimento e da ignorância". *In*: POPPER, K.R. *Conjecturas e refutações.* Brasília: Ed. da UnB.

_____ (1982b). "Verdade, racionalidade e a expansão do conhecimento". *In*: *Conjecturas e refutações.* Brasília: Ed. da UnB.

SCHNEIDER, H.G. (1978). "Wissenschaftliche Revolution". *In: Psychologie heute* – Sonderdruck – Wissenschaftskritik. Weinheim und Basel: Beltz Verlag.

SNEED, J.D. (1971). *The logical structure of mathematical physics.* Dordrecht, Boston.

STEGMÜLLER, W. (1974). "Theoriendynamik und Logisches Verständnis". *In*: DIEDERICH, W. (org.). *Theorien der Wissenschaftsgeschichte.* Frankfurt: Suhrkamp.

_____ (1977). *A filosofia contemporânea*. São Paulo: EPU/Edusp, 2 vols.

_____ (1979). *Naturwissenschaften 66*. Munique: Springer Verlag.

TAYLOR, C.W. (org.) (1969). "The third". *University of Utah conference on the identification of creative scientific talent*, pp. 162-174.

WATKINS, J.W.N. (1979). "Contra a ciência normal". *In*: LAKATOS, I. e MUSGRAVE, A. (orgs.). *A crítica e o desenvolvimento da ciência*. São Paulo: Cultrix/Edusp.

V
CIÊNCIA E PERSPECTIVAS ANTROPOLÓGICAS HOJE

João Francisco Regis de Morais

Concretamente, hoje vivemos a realidade científico-tecnológica em clima de muita perplexidade, pois que a vivemos de forma ambígua. Se de um lado nos encantam cada vez mais as façanhas da engenharia genética ou da medicina nuclear, temos que haver-nos com as sombras de Three Mile Island e Chernobyl – dois desastres monumentais resultantes dos avanços dos recursos da ciência contemporânea. Além disso, já se disse que, se hoje em dia uma parte da população do mundo morre porque não tem comida – morre de fome –, a outra parte da população está morrendo porque a tem; isto é, em termos de substituição do natural pelo quimicamente preparado, conta-se com alimentos cada vez menos confiáveis, como os diabéticos da maior parte do chamado Terceiro Mundo que adoçam suas bebidas com *sacarina*, substância extraída de um derivado do petróleo já comprovadamente cancerígeno. Eis por que em outros escritos meus já afirmei que a ciência e a técnica se constituem nas glórias e nas misérias do presente século.

Inevitavelmente, a ciência e a tecnologia não são boas ou más. São ambas as coisas. E isso porque, às suas *funções manifestas*, conhecidas e declaradas, correspondem *funções latentes*, desconhecidas no momento das novas criações e, por isso mesmo, caladas. Essa coisa pode ser constatada praticamente na maior parte das bulas de medicamentos, nas quais se lê que, embora os testes tenham sido feitos cuidadosamente, não são conhecidas todas as consequências da ingestão daquele remédio, sendo que principalmente este não deva ser dado a mulheres grávidas até tal mês do desenvolvimento fetal. A ciência e a tecnologia são boas *e* más também em razão de que, uma vez subvertidas por interesses econômicos e políticos, não podem mais ser livres de valores (*value free*) – se é que algum dia o tenham sido.

O que se dá atualmente é que muitos se ligam ou só nos aspectos negativos da evolução científica, ou só em seus lados positivos, o que gera, de um lado, otimistas ingênuos com uma cândida visão iluminista da ciência à século XVIII – a ciência como algo de mágica força e que tudo resolverá, e, de outro lado, negadores mal-humorados de qualquer perspectiva boa, negadores do óbvio: das magníficas realizações que a atividade científica também tem logrado. São dois modos de ver. Evidentemente, ambos incompletos e ineficientes por sua parcialidade. Volto sempre a dizer que, nos negócios humanos, não há a disjuntiva "*ou* isto *ou* aquilo", mas é necessário que, para não quebrar o fluxo dialético da vida, a realidade humana seja "isto *e* aquilo". Certamente que não é um modo cômodo de ver, pois que exige uma dinâmica interior que nos faz uns nômades da observação do mundo, expondo-nos à permanência do provisório. Mas parece ser o modo realista – no mais salutar sentido da palavra – de olhar para a vida e interpretá-la.

O nosso meio, que é marcadamente científico-tecnológico, nunca será apenas mau; tampouco lograremos que chegue algum dia, penso, a ser apenas bom; imagino que a luta humana se situe hoje em um esforço real para que obtenhamos uma predominância do bom sobre o ruim, num projeto histórico mais modesto, mas, pelo menos, factível. Nessa linha de pensamento é que vejo possível tratar-se do tema que este breve ensaio anuncia em seu título: "Ciência e perspectivas antropológicas hoje".

1. Os três grandes momentos do mundo moderno

Seja-me permitido fazer um desenho histórico, um largo esboço que quererá sublinhar os momentos mais decisivos vividos pelo homem ocidental, do século XVI (Renascimento) até hoje. Pode-se ver entre o mundo moderno e o contemporâneo uma ruptura, bem como pode-se ver entre eles uma perfeita continuidade. Quero dizer: podemos fixar-nos na ideia de uma fase histórica que se acaba no final do século passado (Idade Moderna) e de outra que tem seu começo com as inovações do século XX. Não muito preocupado com essas periodizações, menciono três grandes momentos do mundo moderno, dando à expressão *mundo moderno* uma abrangência de continuidade que acaba por incluir este tempo que estamos vivendo. Discutível? Sim, pode ser. Uma coisa todavia é certa: tal discussão não tem importância nenhuma para o tema que quero trabalhar.

Logo depois que Lutero de certa forma rompera com a autoridade de ensinamento da Igreja Católica (o seu *magistério*) pregando o livre-exame das Escrituras por parte de cada pessoa, um jovem físico de 19 anos e já professor da Universidade de Pisa (Itália), de nome Galileu Galilei, inaugura a chamada ciência experimental, em um preciso dia do preciso ano de 1590. Seu experimento da "queda livre dos corpos" de súbito demonstra que Aristóteles, a grande autoridade do Mundo Antigo que pontificou também ao longo da Idade Média, estava, quanto à queda dos corpos na física, perfeitamente lógico e perfeitamente equivocado. Ora, o advento da ciência experimental tem consequências enormes e profundas. Acaba provocando uma virada de mentalidade como poucas se viram ao longo da história do Ocidente. De repente, o mundo "encantado" da Idade Média, em cujas harmonias biológicas e físicas não se podia mexer por respeito religioso, foi transformado em uma organização de matéria neutra na qual se devia mexer para pesquisar experimentalmente. Essa transformação de mentalidade que o sociólogo Max Weber chamou de o *desencantamento de um mundo*. Num golpe histórico, o universo sagrado, a mãe-terra transformava-se num universo neutro e numa terra a ser pesquisada empiricamente. É muito importante que atentemos bem para isso, pois aqui se encontram as raízes verdadeiras dos problemas ecológicos de devastação e degeneração do meio que hoje vivemos de forma trágica.

Porém, o inglês Isaac Newton propôs a concepção de um universo estável, regido por leis internas, necessárias e, consequentemente, imutáveis.

O que Newton dizia ao mundo era que esse Ser de Suprema Inteligência (Deus) não haveria de criar um mundo de forma desinteligente, ao ponto de ter de comandá-lo séculos afora, a cada minuto preocupado com os acontecimentos do mundo. Para Newton, a Suprema Inteligência inscreveu no universo leis necessárias e eternas, que haveriam de conduzir este universo com a precisão de um excelente relógio. Competia à inteligência humana conhecer mais e melhor as leis do mundo, e esse campo abria-se de forma ilimitada.

Ora, o pensamento científico de Newton propunha um universo marcado pela estabilidade e dava ensejo a um mito posterior a Newton: *o mito da racionalidade absoluta*, segundo o qual a razão humana daria conta de tudo desvendar no universo. Na primeira metade do século XVII, desenvolve-se o racionalismo de Descartes (1596-1650) que deixa perplexo o homem moderno. A arte desse século, conhecida como o Barroco, é uma aguda expressão de perplexidade, de espanto, de um homem que está dividido entre o céu e a terra, entre a luz e a sombra, entre o humano e o divino. Quem será o centro do significado da história: o homem ou Deus? Mantinha-se, porém, pelo meio do cipoal dessas dúvidas, a convicção deflagrada por Newton quanto à estabilidade material do universo. Vivia-se a fase pré-tecnológica do Ocidente, um mundo ritmado e alheio aos rápidos meios de transporte e comunicação, vivia-se profundamente a convicção da estabilidade cósmica.

O mito da racionalidade absoluta chega a endeusamentos literais, quando a Revolução Francesa, no século XVIII, prepara, na Igreja de Notre Dame de Paris, um altar para a Deusa Razão; lugar no qual, curiosamente, é colocada uma estátua que retratava uma famosa prostituta parisiense do tempo. O iluminismo (século XVIII) é o exagero a que chega o mito da racionalidade absoluta.

Tais foram alguns desdobramentos daquilo que é hoje conhecido como o advento da ciência experimental e que, no meu entender, é o primeiro grande momento do mundo moderno. O segundo momento portentoso que desejo focalizar neste breve texto é a *automatização do trabalho humano*, levada a efeito pela primeira Revolução Industrial, iniciada em fins do século

XVIII e desdobrada, em muitos aspectos, pelos séculos seguintes. A *automatização* procurou substituir a força física por novas formas de energia, como o vapor, o carvão, a eletricidade etc. Um trabalho que até então era feito por músculos animais (irracionais e humanos), agora passava a ser realizado por máquinas mecânicas movidas pelas energias novas, sistemas abertos funcionando a uma baixa velocidade, de modo que o operário pudesse intervir, trabalhando *junto* com a máquina. Não é difícil de imaginar quanta coisa mudou com a industrialização do mundo. Principalmente foi dado um "tiro de misericórdia" no *tempo humano*, instalando-se definitivamente o tempo da máquina. Se antes dormia-se quando se tinha sono, comia-se quando se tinha fome, ou se despertava quando o sono acabava, agora dorme-se quando o relógio (máquina) diz que é hora, para se poder levantar cedo; come-se nos horários estabelecidos pelos locais de trabalho, tenha-se ou não fome; desperta-se ao trilar do despertador ou ao soar da sirena da fábrica. Um novo tempo com novo ritmo começava.

Com a crescente urbanização do Ocidente, oriunda de verdadeiros êxodos rurais para os centros fabris, veio abaixo a estrutura familiar de modelo patriarcal (com o tradicional *chefe de família*), e muitas mudanças ocorreram nas formas de morar e de usar o espaço. Tudo isso sem mencionar a revolução econômica que o mundo conheceu. Isso vem até dentro do século XX, quando um outro gigantesco acontecimento se preparava. O terceiro grande momento do homem moderno que desejo sublinhar: a *automação da sociedade*.

Com os avanços da ciência cibernética, surge o computador. E o que a automação quer é substituir a morosidade do raciocínio humano pelas virtuosidades do raciocínio eletrônico, criando máquinas eletrônicas que são sistemas fechados funcionando a velocidades inimagináveis – sem qualquer possibilidade de intervenção humana no processamento, desde que ultrapassada a fase de programação. Circuitos integrados miniaturizados impondo um ritmo vertiginoso, quase inconcebível, às situações-problemas e às situações-soluções do homem contemporâneo. Mas... por que surgira o computador? Em razão de que a ciência atual já não via o mundo com a serenidade de Newton, mas, ao contrário, via-o como algo que "tende ao caos, à deterioração, à entropia". Bolzmann (na Alemanha), Willard Gibbs (nos Estados Unidos) principiaram a desenvolver a ideia de um "universo de incerteza", de um "universo de situações probabilísticas". Depois vieram Werner Heisenberg (com a teoria da indeterminação) e Albert Einstein (com a teoria da relatividade) e deram o último canhonaço no universo estável de Newton. Estávamos na "era da incerteza", no mundo da vertigem e do espanto.

A automatização prenuncia e a automação efetiva aquilo que Villém Flusser (1983) chamou de "a transcodificação da sociedade ocidental". As mudanças haviam chegado a um tal ponto de profundidade que, agora, já não se podia *ler*, com as chaves antigas de leitura, a realidade global da sociedade. A tendência burocratizante da chamada sociedade organizacional chegava a um grau de eficiência enorme com o auxílio da informática, criando uma teia tal de organizações que envolve e limita toda a vida humana. Como tenho dito, hoje nascemos no interior de uma organização (hospital maternidade), crescemos em organizações (escolas), passamos a vida trabalhando em complexos industriais, comerciais, de ensino ou outros; e a coisa vai assim até que morremos e... somos cuidados pelas organizações funerárias. Um tanto perplexos com tudo isso, sentimo-nos mais aparelhos do que pessoas. Está transcodificada a nossa realidade e, como disse, tentar compreendê-la em bases antigas se transforma num delírio de cujas consequências nem sabemos direito.

Na raiz de tudo isso encontra-se o evoluir da ciência que, em apenas quatro séculos de experimentalismo, conseguiu, pelo menos em campo material, coisas e realizações verdadeiramente assustadoras.

De certa maneira, a atividade científica toda emergiu, em termos genéticos, de um grande caldo cultural maior chamado filosofia. E fomos vendo a ciência reivindicar sua autonomia através da Idade Moderna, principalmente e de forma mais categórica durante o século XIX, quando vamos assistir a uma verdadeira contestação "edipiana" à mãe-filosofia. Assim como, em um processo normal e salutar de crescimento psicológico, há um momento em que o filho precisa contestar a mãe para obter condições de autoafirmação, da mesma forma a ciência fez a sua contestação edipiana que, a princípio, tinha apenas na base um impulso salutar. Era positiva a tal contestação. E só se tornou negativa, em um desastre mesmo, quando a contestação se transformou em *ruptura*. Negar a mãe é necessário, mas romper com ela é se perder das origens mais reais, é perder um pouco da própria identidade, é se tornar uma atividade febril e sem história.

Assim foi que a ciência, na medida em que quis romper com a reflexão filosófica, perdeu, e muito, a consciência de si. E já deixou dito Montaigne que "ciência sem consciência não é mais do que a morte da alma".

2. A morte da alma e as perspectivas antropológicas contemporâneas

Chegamos, enfim, ao momento que as páginas anteriores vieram preparando: o momento de perguntarmo-nos sobre as possibilidades reais para o homem de hoje, convivendo com os avanços meio inconscientes de uma ciência que é, em si, maravilhosa, mas que em muito se tornou perversa em razão da perda de uma consciência reflexiva profunda.

O que vemos hoje se parece a um homem imaginário que houvesse crescido muito de uma perna, sem que a outra perna crescesse também. Dá para imaginar-se esse homem em equilíbrio? Impossível. A humanidade ocidental cresceu muito científica e tecnologicamente, mas em termos espirituais – e aqui essa palavra não precisa ter sentido religioso específico – esta mesma humanidade está atrofiada; isto é: se chegaram a grandes aperfeiçoamentos os expedientes científicos e técnicos, a qualidade interior do homem não sofreu quase que aperfeiçoamento nenhum. Diante disso, compete perguntar se tudo está perdido. Compete inquirir se o caminho que tomamos é definitivo e não pode ser trocado. Como se pode ver, são questões grandes demais, demasiado difíceis de responder em qualquer circunstância – muito pior em um brevíssimo ensaio como este. Mas a pretensão é, menos que responder completamente a tais indagações, chegar algumas contribuições até a nobre planta do senso crítico. Com pouco que se contribua nesse campo será muito, visto que nos falta distanciamento histórico e temos que pensar aquilo no que estamos agora envolvidos, aquilo por que estamos muitas vezes fortemente condicionados. Tentemos algo.

O século XVIII, preparando a ruptura que se configuraria no seguinte entre ciência e filosofia, provoca, na vida do homem, uma separação lamentável entre o *discernir* e *reconhecer* (no alemão *Erkennen*) e o querer, a *vontade* (*Wollen*). Ora, tal separação traz como consequência mais palpável a elaboração de uma "visão de mundo" marcada por um analiticismo de timbre científico (uma *Weltanschauung*); a visão fragmentária de um mundo *mecânico* – dividido em partes (ou peças) que colaboram entre si para o grande funcionamento. Eis por que a ciência atual entende que se pode mexer em qualquer coisa do mundo sem que necessariamente se mexa no todo, o que é uma falácia, um ledo engano. Já se disse que o mundo é um sistema fechado e meticulosamente articulado, de uma tal forma que alterar a posição de qualquer elemento desse sistema fechado significa modificar a totalidade do sistema. Chernobyl mostrou-nos, da forma mais assustadora, a verdade de um sistema interdependente, como também as devastações ambientais (como a da Floresta Amazônica) já estão mostrando o preço – em termos de desequilíbrio climático – de se interferir nas harmonias básicas de um ecossistema.

O médico e pensador Albert Schweitzer (1959), analisando uma tão assustadora visão do mundo, propõe, em suas palavras, que substituamos essa concepção mecânica do universo por uma concepção *orgânica*, na qual, mais do que interdependência, tenhamos uma síntese do todo vital e nos sintamos responsabilizados por esse todo. À *Weltanschauung*, visão de mundo ou concepção de mundo, o dr. Schweitzer opõe a sua proposta de uma "visão de vida" (*Lebensanschauung*) como um impulso de pensamento e coração que volte a unificar o discernimento analítico à vontade sintética e integradora. Uma visão de mundo sem mais é sempre pessimista e melancólica, ao passo que uma visão de vida é volitivamente esperançosa – sendo que, aí, as coisas se compensam. Ao que me parece, o lado trágico e ameaçador da ciência contemporânea está mergulhado no pessimismo melancólico da analítica visão de mundo, que se quer alheia das paixões mais fundas do homem.

A fé na possibilidade de uma renovação de cultura e da sociedade precisa fazer parte do nosso eu, como visão de vida. Zargwill, em um momento de explosão bendita, escreveu: "Tirem-me a esperança de mudar o futuro, e enlouquecer-me-ão".

Há hoje muitos problemas que estão postos para nós. Num sentido sociocultural, precisamos responder à questão urgente: que novos valores precisamos plantar e cultivar, se os que nos nortearam até aqui levaram-nos a tão complexos problemas? Em campo político a coisa fica ainda mais difícil, pois cabe-nos encontrar uma orientação quanto a como lidar com os que manipulam os recursos científicos com as suas verbas. Será que o poder desses homens ou instituições será ilimitado e chegará a aniquilar os antigos sonhos da ciência? Se eu fosse um determinista, crendo que a história *faz* inteiramente a consciência, estaria agora mergulhado no mais profundo pessimismo. Mas não o sou. Creio que o homem é "ele e sua circunstância", no sentido de que nem a circunstância determina completamente o homem, tirando-lhe toda a liberdade e capacidade de defesa, nem o ser humano é absoluto criador da circunstância; creio numa comunhão sutil entre o homem e a sua circunstância. Acredito numa revolução molecular de conscientização pela educação (do lar, da igreja, da escola etc.) que deve ocorrer paralela às grandes transformações estruturais. Não poderia também perder a possibilidade de crer que posso contribuir para mudar o futuro, para não enlouquecer.

Todavia, há mais uma grave questão, e essa de ordem psicológica, para a qual os cientistas e tecnólogos precisam também abrir bem os olhos. Trata-se do aumento das pulsões de morte em nosso meio sociocultural; trata-se da facilidade com que expor a vida, com certo prazer autodestrutivo, transformou-se num esporte contemporâneo. Ora, um homem que ama viver e é enamorado pelo seu mundo não se expõe tão facilmente às ameaças da morte. Talvez a qualidade da vida (material e espiritual) tenha caído tão baixo que as gerações novas tenham sido levadas a questionar o sentido de viver. E, se isso é verdade, uma ciência sem consciência que cria um mundo à sua imagem e semelhança tem muitas explicações a dar.

Não podemos esperar dos donos do poder e dos manipuladores da ciência que estes restituam a um tão belo fazer intelectual o seu *impulso-amor*, na recuperação de uma visão de vida (*Lebensanschauung*). É preciso crer na participação de cada ser humano nas possibilidades de recuperação do seu mundo, como também da sanidade da ciência, que foi vítima de erros ideológicos muito profundos. O mesmo dr. Albert Schweitzer dizia que, quando na primavera os campos reverdecem, isso só se dá porque cada ramículo, cada folha da paisagem não se negou a cumprir o que lhe competia naquele momento. As perspectivas antropológicas contemporâneas dependem de uma luta em dois níveis: primeiro, uma batalha estrutural de mais direta e intensa participação política no sentido de abrir caminho para todos e não só para alguns; e, segundo, uma guerra de guerrilhas voltada para atos pequenos e cotidianos de reeducação do homem.

As coisas em nossa vida chegaram a um ponto tão ruim, a ciência e a tecnologia contemporânea chegaram a descaminhos tão indiscutíveis, que nos resta uma coisa que apelidarei de *esperança dialética*, fiel à visão do velho Heráclito de que a tendência de cada estado é a de caminhar para o seu oposto. O fundamental é, no entanto, não fazer disso um tapume para esconder nossa irresponsabilidade, para cruzarmos os braços em hora tão delicada. É preciso viver-se a esperança dialética sabendo que no futuro residem todas as possibilidades, as boas e as más, e que aquilo que há de vir depende das ações humanas que preparam esse futuro. Muitas alternativas foram tentadas para a recuperação dos caminhos legítimos da ciência; mas não foram tentadas todas – o que nos faz ver razão de esperança.

3. Conclusão

No século passado, Alexandre Herzen disse: "O que me espanta é pensar em Gengis Khan com o telégrafo na mão". Hoje temos muito, mas muitíssimo mais do que ingênuos telégrafos; temos energia nuclear, temos informática computacional, temos fibras óticas que realizam verdadeiros milagres de comunicação, e muitos mais feitos da ciência. Não se trata, portanto, de desdenhar o fazer científico ou de maldizê-lo; trata-se de que cada um, no seu íntimo, instale esta séria discussão: qual o futuro do meu mundo e o que eu posso fazer por ele? Porque, havendo amor, fica o dito de santo Agostinho: "Ama e faze o que quiseres".

4. Referências bibliográficas

FLUSSER, VOL. (1983). *Pós-história*. São Paulo: Duas Cidades.
SCHWEITZER, A. (1959). *Decadência e regeneração da cultura*. São Paulo: Melhoramentos.

SEGUNDA PARTE

I
O ESTUDO COMO FORMA DE PESQUISA

João Baptista de Almeida Júnior

Este capítulo apresenta uma proposta de estudo em forma de pesquisa. Seu objetivo é convocar o estudante a participar, com maturidade intelectual, do próprio processo de educação, tornando-se, juntamente com o professor, o corresponsável pela situação de ensino e aprendizagem.

Participação e corresponsabilidade são exigências inalienáveis do processo de educação para quem não quer permanecer no epifenômeno do senso comum ou viver arrastado nas correntes de opinião pública (doxa), provocadas pelas novas tecnologias de informação e comunicação.

Para se iniciar nos estudos superiores e obter um reconhecimento acadêmico, o estudante deve estudar primeiro como aprender. Isso porque as mudanças ocorridas recentemente na sociedade e nas formas de relacionamento humano geraram novas necessidades para as quais a educação é solicitada a atender.

Essas novas necessidades podem ser atendidas pelas escolas por meio da modificação conjunta das atitudes docente e discente, de maneira que professores e alunos atualizem um novo espaço de ensino-aprendizagem em resposta às exigências sociais.

Nas últimas décadas, com o aprimoramento das novas tecnologias de informação e comunicação a distância, as escolas deixaram de ser o meio mais informativo de leitura da realidade. Jornais e revistas, rádio e televisão circulam e substituem informações com mais rapidez do que o professor ou qualquer livro didático.

Antigamente, a descoberta de uma epidemia desconhecida ou o registro de uma galáxia distante eram privilégio de um grupo de cientistas ligados ao laboratório de uma universidade. Hoje, tais fatos frequentam as páginas dos periódicos e os monitores de vídeo com ampla cobertura dos fatores científicos, econômicos e sociais envolvidos na pesquisa, acompanhados de ilustrações e dados precisos com os quais dificilmente o professor, ou mesmo o livro didático, conseguiria concorrer com a mesma contemporaneidade.

Por causa da célere geração e substituição de informações, a educação sistemática, feita nas salas de aula, vem sofrendo uma revolução de natureza metodológica, com reflexos na prática didático-pedagógica, que tem levado alguns críticos a admitir o colapso do sistema educacional vigente e a vaticinar um "choque" no futuro. Umas vezes essa revolução se processa de maneira menos traumática, em saltos qualitativos, a partir de formas de integração: diálogo professor-aluno, dinâmica de grupo, trabalho cooperativo, interdisciplinaridade, ação extensionista escola-comunidade... Outras vezes a revolução se desenvolve criticamente, rompendo tradições, substituindo valores, extinguindo mesmo funções, desmoronando fronteiras... Tais formas simultâneas de evolução traduzem e exigem *novos papéis* do professor e do aluno no âmbito do que se denomina *espaço de ensino-aprendizagem*.

O professor informante e o aluno receptor são superados pelo professor orientador e pelo aluno pesquisador. O pedagogo humanista Paulo Freire (1979, p. 53) lembra que: "O papel do educador não é o de 'encher' o educando de 'conhecimento', de ordem técnica ou não, mas sim o de proporcionar, através da relação dialógica educador-educando, educando-educador, a organização de um pensamento correto em ambos".

Isso que pode parecer simples troca de palavras – rótulos modernos para ações antigas – na verdade é uma forma de antecipar, pela linguagem, uma situação desejada. Muitas vezes é preciso criar uma nova linguagem, contrária e diferente daquela que fala a realidade passada, para manifestar ou preceder, no nível da comunicação, e portanto da intenção, uma realidade emergente, necessária e esperada. Se surgem novas palavras, não são mais para *reapresentar* e repetir estados conhecidos, mas para *representar*, isto é, significar situações que permitam cristalizar valores ou projetar a ideia, inclusive semanticamente, de uma nova dinâmica educacional.

Dessa maneira, a nova dinâmica educacional não se resume na substituição de palavras e *slogans*. É um processo resultante de pressões gerais desencadeadas pelas novas tecnologias de comunicação, pelo acúmulo de informações, pelo aumento da demanda escolar, pela "forçosidade" de especialização profissional. Mas, sobretudo, é resultado da disposição histórica das recentes gerações em querer participar conscientemente da construção da realidade social.

Portanto, não se concebe mais a Educação como uma simples troca de informações do professor prepositivo *para* e *sobre* o aluno, com risco de o professor tentar competir, em desvantagem, com as novas tecnologias de informação. A nova situação precisa de fundamentos metodológicos que permitam atualizar o que o filósofo contemporâneo Martin Heidegger denomina "deixar aprender" (1973, p. 89). "O mestre que ensina ultrapassa os alunos que aprendem somente nisto: que ele deve aprender ainda muito mais do que eles porque deve aprender a deixar aprender."

Não se trata mais de perguntar o que o professor pretende do aluno. Nem o que o aluno pretende mostrar ao professor. Mas o que professor e aluno, engajados na descoberta e elaboração do conhecimento, pretendem desse conhecimento no mundo a fim de justificar a transformação desse mundo.

A nova ação pedagógica se apresenta mais como um desafio do que como uma rotina escolar. Um desafio que envolve professor e aluno, seres humanos, na formulação de um conhecimento científico e rigoroso, que não pode prescindir de sua matriz social problematizadora. Como recorda novamente Paulo Freire (1979, p. 54): "Na verdade, nenhum pensador, como nenhum cientista, elaborou seu pensamento ou sistematizou seu saber científico sem ter sido problematizado, desafiado".

Assim, no laboratório da classe é a hora e a vez da *aula-problema*, da *matéria-proposta* e do *estudo-pesquisa*. Não há lugar para a reprodução mecânica de conhecimento, que é perda de tempo e de energia, mas recriação e até mesmo criação por meio de um trabalho cooperativo de professor e aluno.

O *estado de aprendizagem* derivado de um *ensino do professor* é transcendido pela *atividade de autoaprendizagem* a partir de um *trabalho com o professor*, a quem caberá orientar o aluno na seleção e no processamento crítico das informações captadas e lidas no ritmo vertiginoso da sociedade atual.

Dentro dessa perspectiva educacional, o estudo aparece para o aluno como forma de pesquisa, apresentado comumente por diversos autores nas modalidades de *pesquisa bibliográfica* e *documentação*.

Tais métodos (do grego: *meta* = para; *odos* = caminho) são "caminhos para" orientar seu trabalho acadêmico para um saber sempre mais, para uma incorporação rica de informações, a fim de que, no domínio desse conhecimento, possa pensar globalmente a realidade e analisá-la com rigor e crítica.

1. A pesquisa bibliográfica

Pesquisar, num sentido amplo, é procurar uma informação que não se sabe e que se precisa saber. Consultar livros e revistas, examinar documentos, conversar com pessoas, fazendo perguntas para obter resposta, são formas de pesquisa.

O termo *pesquisa* é empregado neste capítulo, em seu sentido lato, como sinônimo de procura sistemática ou de busca de uma informação qualquer. Não se entende ainda a pesquisa como tratamento de investigação científica que tem por objetivo comprovar uma hipótese delineada previamente, por meio de procedimentos metodológicos predefinidos. Essa modalidade de pesquisa é objeto de estudo no capítulo V.

Nesse sentido lato, uma pessoa que precisa encontrar determinada rua em um bairro de uma cidade está fazendo pesquisa. A pessoa agirá por etapas, intuitivamente ou não, do simples ao mais complexo, do próximo ao distante, em direção ao seu objetivo ordinário.

Certamente, a não ser que seja insensata, a pessoa não vai sair andando de rua em rua, de bairro em bairro, percorrendo a cidade inteira para encontrar o endereço. Para não passar ridículo, a primeira investigação a fazer é olhar ao redor e ler as tabuletas de sinalização de rua. Nada encontrando que oriente seu caminho para a etapa seguinte, a pessoa solicita, aleatoriamente, ao primeiro indivíduo que passa, uma informação indicativa sobre o endereço que precisa. Diante das respostas negativas dos transeuntes, após várias tentativas, o sujeito busca aperfeiçoar o método de pesquisa e procura consultar pessoas mais competentes e que mereçam certo crédito na informação prestada, por exemplo, um jornaleiro, um motorista de táxi ou, eventualmente, um carteiro, que poderia ser considerado um *expert* no assunto. Se tais pessoas não se encontrarem por perto ou também não souberem informar, o passo final é examinar um mapa da cidade.

A leitura das tabuletas com o nome de rua, a consulta a indivíduos abalizados ou não, o exame de mapa ou lista telefônica são métodos, isto é, "caminhos para" se obter a informação desejada. A experiência de não obter a informação satisfatória na primeira fonte faz o pesquisador avaliar o método e ser mais criterioso para escolha de outra fonte mais fidedigna.

Experiência similar se verifica no estudo como forma de pesquisa. Nesse caso, é necessário conhecer as fontes e os métodos para se chegar mais rapidamente e com segurança à informação desejada. Sem método eficiente de obtenção de informações perde-se o precioso tempo acadêmico, caminhando a esmo, como alguém que se dispusesse, por si só, a encontrar a tal rua, lendo todas as tabuletas indicativas da cidade.

E um método eficiente é a *pesquisa bibliográfica*.

A pesquisa bibliográfica é a atividade de localizar e consultar fontes diversas de informação escrita, para coletar dados gerais ou específicos a respeito de determinado tema.

A etimologia grega da palavra *bibliografia* (*biblio* = livro; *grafia* = descrição, escrita) sugere que se trata de um estudo de textos impressos.

Assim, pesquisar no campo bibliográfico é procurar no âmbito dos livros e documentos escritos as informações necessárias para progredir no estudo de um tema de interesse.

Do ponto de vista prático, divide-se a pesquisa bibliográfica em três momentos ou fases: identificação de fontes confiáveis; localização dessas fontes; e compilação das informações (documentação).

Antes de promover a pesquisa bibliográfica propriamente dita, é preciso ter bem claro e definido o objeto de estudo que se pretende encontrar. Muitos alunos iniciam a pesquisa bibliográfica sem terem presente o que estão procurando. Têm, vagamente na cabeça, um título anotado da lousa ou comunicado pelo professor, sem mais nenhum dado que forneça pistas, defina limites e tipo de abordagem ou oriente em direção às fontes.

Um objeto de estudo bem pode ser:

- o conteúdo programado de uma aula;
- o texto básico para um seminário;
- o título de uma conferência ou simpósio;
- a obra científica ou literária de um autor;
- uma doutrina ou um sistema de ideias;
- um tópico específico do programa;
- uma hipótese-problema para pesquisa científica;
- o assunto para uma matéria jornalística;
- os elementos para preparar a pauta de uma entrevista;
- uma tese para um trabalho monográfico.

O professor, para bem orientar, precisa fornecer um mínimo de informações a respeito, sob pena de o aluno não conseguir encetar sua pesquisa bibliográfica por não identificar as fontes para consulta.

A partir da definição clara do objeto de estudo, do tipo de enfoque e dos limites da pesquisa, inicia-se a pesquisa bibliográfica pelo levantamento de fontes das quais as informações concernentes possam ser recolhidas.

Do mesmo modo que o sujeito que saiu à procura de uma rua na cidade grande iniciou tomando informações por perto, é mais lógico começar a consulta pelas fontes mais próximas. No caso do estudante, trata-se de iniciar a consulta pelo seu arquivo pessoal. Anotações de aula, fichamentos de livros, sínteses de artigos lidos e analisados, cadernos de séries já cursadas, provas corrigidas, apostilas e textos distribuídos como material instrucional pelo professor, tudo isso constitui o registro do conhecimento acadêmico do aluno. Se esse material estiver guardado ordenadamente, garantirá a retomada do estudo e a continuidade da pesquisa. A organização de todo esse material didático, como documentação pessoal e arquivo de fichas que facilite a consulta do aluno nos anos seguintes, será tratada ainda neste capítulo como outra forma de estudo feito pesquisa.

Não obstante, vale advertir e lembrar aqui um bom hábito acadêmico que poucos estudantes sabem utilizar na atualidade: realizar apontamentos, em um caderno pessoal, dos principais tópicos, ideias e conclusões de aulas e momentos de estudo.

Se o trabalho de documentação do aluno estiver bem organizado e classificado adequadamente, basta uma vista ao índice ou catálogo geral de fichas para obter as primeiras indicações do material desejado.

Outra fonte ainda mais próxima e de acesso rápido é a biblioteca pessoal do aluno. Um estudante, ao matricular-se em uma escola superior, percorrerá em média quatro a cinco anos de curso em direção ao estágio profissional. Esse tempo se caracteriza por uma aquisição de conhecimentos básicos sistematizados anteriormente e por uma elaboração de conhecimento novo como forma de capacitar-se para o exercício de uma profissão. Nesse período, ajustando-se à disponibilidade financeira, é aconselhável que o estudante adquira livros e revistas de sua área de estudo a fim de fundamentar e complementar, respectivamente, a formação geral e a formação específica dentro da escola.

De início, a preocupação de todo estudante deve ser a de conhecer as obras básicas: uma *introdução*, que trate de iniciá-lo no conhecimento do campo de saber; uma *história*, que conte a evolução da profissão que abraça e da ciência que a perpassa; um *tratado*, que apresente uma visão geral desse campo. Nas séries finais, quando o campo de interesse já estiver bem definido, tem de procurar adquirir livros, teses e monografias mais específicas, bem como assinar uma revista especializada da área que o mantenha constantemente informado sobre as recentes descobertas e novos estudos. Um bom dicionário comum da língua materna e, se possível, um dicionário técnico ou especializado completam o mínimo indispensável da biblioteca pessoal.

Vale ressaltar que muito aluno lê mal e vagarosamente, sem conseguir entender metade do que lê, porque não tem um bom vocabulário. E não tem um bom vocabulário porque tem preguiça ou mesmo preconceito de portar e consultar frequentemente o dicionário. O dicionário não é o "pai dos burros", como diz o senso comum, mas o "companheiro dos sábios", como sabem aqueles que estudam e pensam corretamente. A assiduidade no uso do dicionário permite ao aluno a aquisição e o domínio de um número maior e mais diversificado de palavras aplicáveis na compreensão de outros textos. Além do enriquecimento do vocabulário, que concorre também para aumentar a velocidade de leitura, o aluno, praticando e exercitando a pesquisa de palavras, com o tempo alcançará uma fluência verbal e redacional das ideias próprias.

De posse dessa bibliografia básica, uma *introdução*, uma *história*, um *tratado*, um dicionário da língua e outro especializado, o aluno poderá, por meio de uma exploração inicial, direcionar sua pesquisa para as fontes especiais, ganhando tempo e segurança.

A relação de livros e textos básicos, programada pelo professor da disciplina e apresentada à classe no início de cada período letivo, é outra fonte circunstancial de pesquisa bibliográfica.

Não confundir a bibliografia geral da disciplina com o livro adotado que é o texto básico que "parametriza" o conteúdo, dá ritmo às aulas e remete o aluno a novas leituras. É comum, no final de cada capítulo ou no fim do livro-texto, encontrar uma lista bibliográfica complementar que sugere ao aluno estudos mais aprofundados de tópicos do conteúdo básico. Por isso também é imprescindível sua consulta e até mesmo aquisição.

No que se refere à bibliografia da disciplina, é importante que o aluno busque orientação do professor responsável a fim de verificar quais dos títulos indicados é interessante que ele adquira, a médio ou longo prazo, para enriquecer a sua biblioteca profissional.

Para tomar conhecimento de fontes bibliográficas mais especializadas, o estudante pode dirigir-se às bibliotecas escolares, às particulares ou às públicas.

Muitas escolas, principalmente as de nível superior, empenham-se na manutenção e conservação de acervos atualizados em bibliotecas exclusivas por curso ou unidade de ensino. Mas nem sempre os acervos podem ser renovados no mesmo ritmo em que as editoras colocam seus inúmeros lançamentos no mercado. Nem isso é possível na atual política educacional, em que são escassas as verbas para educação. Assim, mesmo não encontrando um livro acerca de determinado assunto, aconselha-se que o aluno verifique se não há similares que tratem do assunto pesquisado. Para economizar tempo na localização dessas outras obras, o serviço de atendimento e orientação da bibliotecária é de muito valor.

Além das bibliotecas escolares e universitárias, há também bibliotecas especializadas e gerais que podem ser úteis em diversos casos. Dispor de uma relação de endereços e horários de funcionamento dessas bibliotecas pode auxiliar o estudante na localização de uma obra, não encontrada nas primeiras, no caso de urgência para completar o estudo.

O estudante que decidir frequentar assiduamente a biblioteca deve providenciar o seu cadastramento e a confecção de ficha pessoal de controle de empréstimo e retirada de livros. Tal inscrição comumente é gratuita, como todo serviço de empréstimo. As sanções pecuniárias ocorrem apenas nos casos de devolução com atraso, danos e perdas de livros.

Sendo o sistema de consulta *self-service*, isto é, com acesso direto às estantes, o estudante poderá manusear vários livros, ler sumários e orelhas, inclusive acabar encontrando livros que à primeira vista não pensava em retirar.

De outro modo, não sendo possível o acesso direto aos livros nas estantes, a forma mais rápida para localizar uma obra qualquer é a consulta aos arquivos catalogados da biblioteca no formato *on-line* ou impresso. A consulta aos catálogos *on-line* pode ser feita nos terminais dispostos na própria biblioteca ou, via internet, pelo micro de acesso do estudante, mediante senha acadêmica, quando a universidade permite o ingresso em seu portal. Essa consulta é mais indicada quando se sabe de antemão a obra a ser lida e se quer verificar se a biblioteca a possui no acervo para fazer reserva e retirar em seguida. A consulta aos catálogos no formato impresso é mais recomendada ao estudante que está na etapa de levantamento de livros para sua pesquisa. Conhecer os tipos de catálogos e seus modos de estruturação possibilita, ao aluno, a obtenção rápida de uma relação de obras relativas ao tema que procura.

Nos catálogos, todas as publicações do acervo estão cadastradas em fichas ou entradas que são agrupadas de acordo com um plano definido, por exemplo, segundo as grandes áreas do saber: Filosofia, Sociologia, Educação, Matemática, Psicologia, Teologia, Comunicação, Artes etc.

Grandes bibliotecas apresentam, para cada área do saber, classificações mais detalhadas por assunto e por autor. Têm-se assim, fundamentalmente, três tipos de catálogos: o catálogo de assunto, o catálogo sistemático e o catálogo de autor.

1) Catálogo de assunto: constituído de fichas, *em ordem alfabética*, indicativas das obras existentes na biblioteca segundo o conteúdo de cada uma delas.

Recorre ao catálogo de assunto, também denominado ideográfico, o estudante que precisa pesquisar determinado tema e não tem conhecimento da bibliografia existente a respeito. O catálogo de assunto orienta na busca dos livros e dos autores que tratam do referido conteúdo. No entanto, o catálogo de assunto não informa diretamente quais os títulos das obras.

O catálogo de assunto remete o consulente ao catálogo sistemático, onde se encontram relacionadas as obras da biblioteca correspondentes às fichas de assunto consultadas.

Modelos de fichas do catálogo de assunto

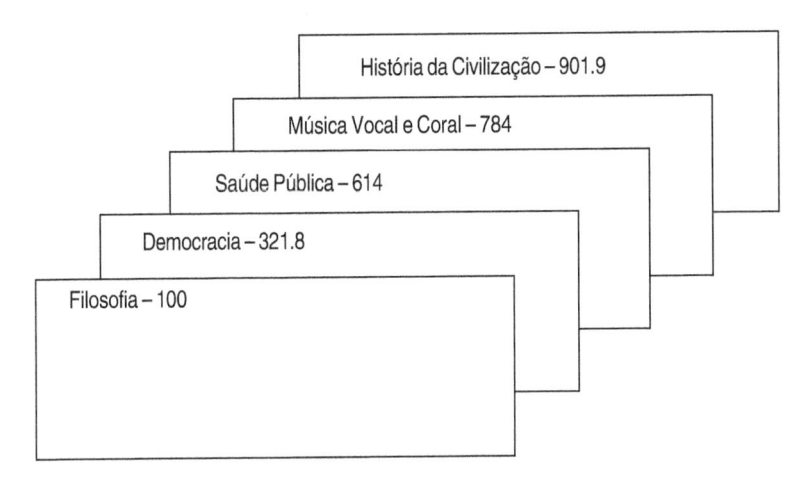

```
┌─────────────────────────────────────────┐
│     História da Civilização – 901.9     │
└─┬───────────────────────────────────────┘
  │  Música Vocal e Coral – 784           │
  └─┬─────────────────────────────────────┘
    │  Saúde Pública – 614                │
    └─┬───────────────────────────────────┘
      │  Democracia – 321.8               │
      └─┬─────────────────────────────────┘
        │ Filosofia – 100                 │
        │                                 │
        │                                 │
        └─────────────────────────────────┘
```

2) Catálogo sistemático: constituído de fichas indicativas dos títulos de todas as obras do acervo da biblioteca referentes a um determinado assunto. As fichas ou entradas estão organizadas em ordem numérica, segundo a classificação do catálogo de assunto.

De posse do número de classificação do tema ou subtema pesquisado, fornecido pelo catálogo de assunto, busca-se no catálogo sistemático a divisão correspondente, com as fichas de obras e autores que versam a respeito.

Modelo de ficha do catálogo sistemático

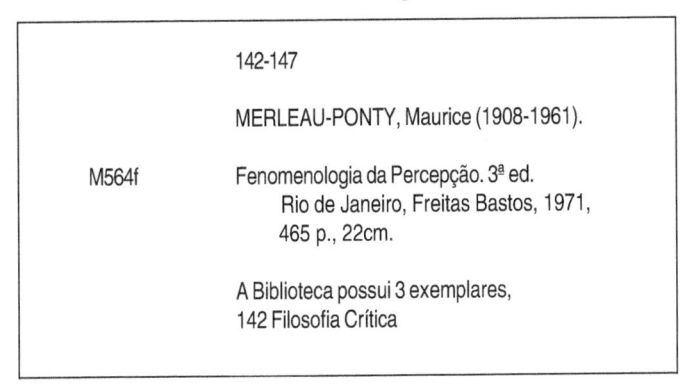

	142-147
	MERLEAU-PONTY, Maurice (1908-1961).
M564f	Fenomenologia da Percepção. 3ª ed.
	Rio de Janeiro, Freitas Bastos, 1971,
	465 p., 22cm.
	A Biblioteca possui 3 exemplares,
	142 Filosofia Crítica

3) **Catálogo de autor:** também denominado onomástico, constituído de fichas indicativas dos nomes de autores individuais ou coletivos, classificados alfabeticamente por sobrenome, e as respectivas obras.

Recorre ao catálogo de autor o estudante que tiver em mãos o nome do autor que pesquisa.

Modelo de ficha de catálogo de autor

```
         Buzzi, Arcangelo R.
  100
         Introdução ao pensar: o ser, o conhecer,
  B992i     a linguagem. 7ª edição. Petrópolis, Vozes,
            1978, 206 p., 21 cm.

         Publicações CID – Filosofia – vol. 1

         A Biblioteca possui 6 exemplares.
```

Saber ler as representações descritivas da ficha ou entrada do Catálogo sistemático permite ao aluno orientar-se previamente para novos livros ou mesmo desistir de um livro por não tratar do assunto pesquisado.

Modelo detalhado de ficha de catálogo sistemático

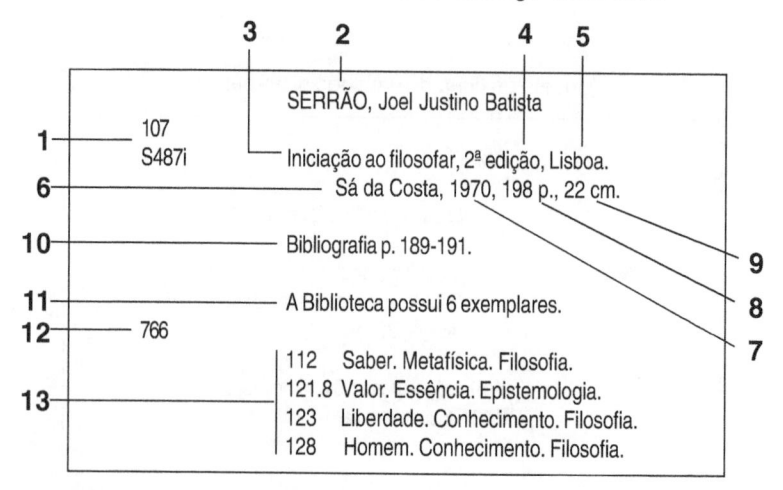

```
           3      2               4    5
                SERRÃO, Joel Justino Batista
   1 ── 107
        S487i    Iniciação ao filosofar, 2ª edição, Lisboa.
   6 ──────────── Sá da Costa, 1970, 198 p., 22 cm.

  10 ──────────── Bibliografia p. 189-191.                    9

  11 ──────────── A Biblioteca possui 6 exemplares.           8
  12 ── 766                                                   7
                  112    Saber. Metafísica. Filosofia.
                  121.8  Valor. Essência. Epistemologia.
  13 ────────────
                  123    Liberdade. Conhecimento. Filosofia.
                  128    Homem. Conhecimento. Filosofia.
```

1. Número de chamada: composto pelo nº de classificação de DEWEY mais o número de referência do autor (a letra maiúscula é a inicial do sobrenome do autor e a minúscula é a inicial do título da obra).
   Observação: ESTE É O NÚMERO QUE DEVE SER ANOTADO PELO ALUNO PARA SOLICITAR A RETIRADA DA OBRA À BIBLIOTECA.

2. Sobrenome e prenome do autor.
3. Título da obra.
4. Número de edição.
5. Local de publicação.
6. Casa editora.
7. Data de publicação.
8. Número de páginas.
9. Dimensão do livro.
10. Páginas com indicação bibliográfica.
11. Número de exemplares da Biblioteca.
12. Número de tombo (uso exclusivo da Biblioteca).
13. Classificações do Catálogo de Assunto para a mesma obra.

É importante o aluno ter uma noção geral da lógica do sistema de classificação das bibliotecas para que possa encaminhar-se rapidamente e com segurança para uma obra que trate do assunto que deseja.

A maioria das bibliotecas emprega o sistema de classificação que Melvil Dewey, funcionário de uma biblioteca americana, idealizou e publicou em 1876. O sistema passou a ser universalmente conhecido e adotado por causa de sua eficiência em pautar-se em números de base decimal. Nesse sistema, o numeral que aparece transcrito na ficha do catálogo de assunto (Filosofia – 100; Democracia – 321.8; Saúde Pública – 614;...) é representado por três algarismos inteiros e/ou subdivisões decimais separados por um ponto. Os três algarismos inteiros significam a divisão que se faz do conhecimento humano em dez classes, segundo a classificação de Dewey, a saber:

100 – Filosofia
200 – Religião
300 – Ciências Sociais
400 – Filologia e Linguística
500 – Ciências Puras
600 – Ciências Aplicadas
700 – Belas Artes
800 – Literatura
900 – Biografia, Geografia e História
000 – Obras Gerais

Os algarismos que eventualmente apareçam depois do ponto indicam as subseções e suas divisões, que podem ser expandidas indefinidamente de acordo com a necessidade de especificar o assunto.

Resumindo, quando um livro tratar de diversos aspectos de um mesmo assunto, seu número de classificação será geral. Por exemplo, um livro que contenha uma parte de Química Analítica, outra de Química Orgânica e outra ainda de Química Inorgânica aparecerá classificado no número geral de Química – 540.

Quando um livro monográfico tratar de um tópico específico de um assunto, o seu número de classificação será estendido para contemplar os detalhes relevantes e caracterizar bem o tópico. Por exemplo, uma monografia que trate da situação econômica da França no século XVII é classificada por Dewey como 338.0944.

A classificação numérica das fichas significa que mais geral é o conteúdo de uma obra quanto menos algarismos tiver o numeral (o mínimo é três) e quanto mais zeros apresentar. Por outro lado, quanto mais algarismos tiver a classificação numérica, trata-se de obra de conteúdo mais específico e especializado. Exemplo:

    600 Ciências Aplicadas (classe principal)
     610 Ciências Médicas (subclasse)
      611 Anatomia (seção)
       611.1 Órgãos Cardiovasculares (subseção)
       611.13 Artérias
       611.14 Veias
       611.15 Capilares
       ...

A seguir apresentamos dois exemplos de utilização do catálogo de assunto, um referente a um tema da área de Ciências Humanas, outro referente a um tema da área de Ciências Exatas.

Exemplo 1 – *Objeto de estudo*: A EXPERIÊNCIA DO CORPO NA FENOMENOLOGIA EXISTENCIAL

Fazendo-se uma análise preliminar do objeto de estudo, verifica-se que:

a) trata-se de um assunto da área de Filosofia.

b) é um tema desenvolvido por um Sistema Filosófico.

c) é um tema de Filosofia Crítica.

d) é um tema específico ligado ao conceito de corporeidade, à análise da experiência do corpo no mundo.

Consultando o catálogo de assunto de Filosofia, tem-se que:

- o item *a* remete ao catálogo sistemático, divisão 100 (ficha 1).
- o item *b* remete à subclasse Doutrinas e Sistemas Filosóficos no catálogo sistemático, divisão 140 (ficha 2).
- o item *c* remete à seção Filosofia Crítica no catálogo sistemático, divisão 142 (ficha 3).
- o item *d* remete à subseção Experiência no catálogo sistemático, divisão 142.7, mais específica (ficha 4).

Consultando as fichas acima no catálogo sistemático, encontram-se as indicações das obras gerais e específicas que tratam do assunto em pesquisa. O estudante deve anotar o número de chamada das fichas de autores e de títulos e dirigir-se à bibliotecária para solicitar a retirada.

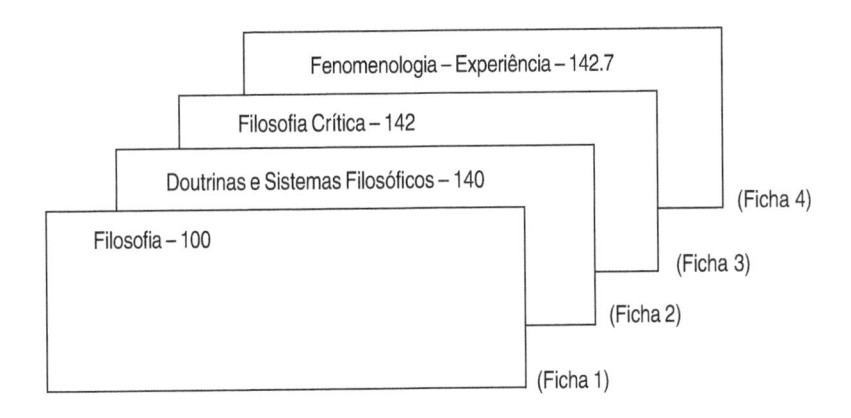

```
┌─────────────────────────────────────────────┐
│  Fenomenologia – Experiência – 142.7        │
├─────────────────────────────────────────────┤
│  Filosofia Crítica – 142                    │
├─────────────────────────────────────────────┤
│  Doutrinas e Sistemas Filosóficos – 140     │ (Ficha 4)
├─────────────────────────────────────────────┤
│  Filosofia – 100                            │ (Ficha 3)
│                                             │ (Ficha 2)
│                                             │ (Ficha 1)
└─────────────────────────────────────────────┘
```

Exemplo 2 – *Objeto de estudo*: A VELOCIDADE DE PROPAGAÇÃO DA LUZ NOS DIVERSOS MEIOS

Fazendo-se uma análise inicial do tema proposto para estudo, percebe-se que:

a) trata-se de um assunto de Ciência Pura, de Física.
b) é um tema abordado pela Ótica Física.
c) é um tema relacionado com a propagação da luz.

Consultando o catálogo de assunto de Física, verifica-se que:

- o item *a* remete à classe de Física, divisão 530 do catálogo sistemático (ficha 1).
- o item *b* remete à seção Ótica Física, divisão 535 do catálogo sistemático (ficha 2).
- o item *c* remete à subseção específica Luz e Propagação, divisão 535.5 do catálogo sistemático (ficha 3).

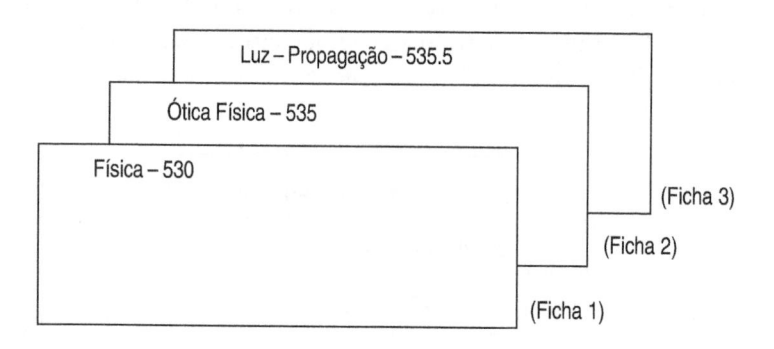

```
┌─────────────────────────────────┐
│   Luz – Propagação – 535.5      │
├─────────────────────────────────┤
│   Ótica Física – 535            │
├─────────────────────────────────┤
│   Física – 530                  │
│                      (Ficha 3)  │
│                   (Ficha 2)     │
│                (Ficha 1)        │
└─────────────────────────────────┘
```

Consultando essas divisões no catálogo sistemático, encontram-se as indicações das obras que tratam do assunto; anotar, então, o número de chamada das fichas referentes às obras encontradas e dirigir-se à bibliotecária para solicitar a retirada.

Em muitas bibliotecas o catálogo sistemático apresenta as fichas numa disposição idêntica à dos livros nas estantes, isso porque fichas e livros estão arrumados segundo um mesmo plano lógico de classificação. Para localizar um livro na estante, caso o aluno tenha acesso direto, basta orientar-se pela topografia das fichas no catálogo sistemático.

Bibliotecas escolares, ou mesmo universitárias, raramente têm catálogo de títulos. Portanto, é perda de tempo querer localizar "no catálogo" uma obra apenas pelo título e sem conhecer o nome do autor, principalmente se esse título não fizer referência alguma ao conteúdo próprio do livro. Como mera ilustração, ficaria muito difícil encontrar, só pelo título, as seguintes obras: *A reprodução*, *O dorso do tigre*, *Meditações*, *Apocalípticos e integrados*. O temas que cada título sugere à primeira vista podem não corresponder à área de estudo, e a pesquisa resultaria infindável. *A reprodução*, embora pareça obra de genética da área de biologia, é um livro de sociologia escrito pelos cientistas sociais Pierre Bourdieu e Jean Claude Passeron. *O dorso do tigre* também não é da área de zoologia, mas trata-se de obra literária do esteta Benedito Nunes. *Meditações* é título de duas obras homônimas, escritas em épocas diferentes pelos filósofos Marco Aurélio e René Descartes. Finalmente, *Apocalípticos e integrados*, que parece um tratado de teologia, é um livro do semiólogo Umberto Eco que analisa os fenômenos contemporâneos da comunicação de massa.

Além da biblioteca pessoal e dos livros da biblioteca escolar, há outras fontes de pesquisa de texto impresso como periódicos e revistas semanais, revistas especializadas e catálogos de editora.

Jornais de circulação diária trazem frequentemente suplementos culturais e cadernos de leitura especiais que apresentam resenhas de livros, comentários críticos dos lançamentos editoriais e artigos assinados por especialistas sobre os assuntos mais variados.[1] Revistas semanais também trazem resenhas dos últimos lançamentos de livros e matérias jornalísticas especiais sobre temário diversificado.

Considerando a função específica de comunicação de massa desses periódicos e revistas semanais, a credibilidade da informação científica deve

---

1. Um exercício interessante para o estudante é pesquisar, nos jornais de sua cidade e região, seções, encartes, suplementos ou cadernos de leituras que abordem temas exclusivos de sua área de profissionalização.

ser aceita com restrições pelo estudante. Por causa de seu caráter jornalístico e pelo fato de serem dirigidos a um público leitor médio, o teor de sua informativa científica pode sofrer distorções tanto em função da necessidade de adequação da linguagem ao veículo quanto de interpretação na ótica do redator ou editor.

Ciente disso, o aluno deve encarar a matéria com reservas e, sempre que possível, conferir e aprofundar o assunto em fonte mais abalizada.

Exceção deve ser feita às seções especializadas e reconhecidas, nos periódicos de grande circulação, pelos títulos: Ciência, Economia, Ambiente, Medicina, Direito, Saúde, Publicidade e outros. Tais seções trazem artigos previamente aprovados por um Conselho Editorial, redigidos e assinados por especialistas.

Por outro lado, se o estudante mais avançado necessita de fontes autorizadas para obtenção de informações sistemáticas e confiáveis a respeito de seu tema específico ou marco teórico de projeto de pesquisa ou monografia, deve procurar a seção de periódicos da biblioteca. É comum a biblioteca dispor, para consulta, coleções organizadas de periódicos científicos e uma hemeroteca de revistas específicas, de várias áreas de conhecimento, obtidas por aquisição ou intercâmbio com outras instituições acadêmicas.

Outra forma ainda de o aluno inteirar-se dos últimos lançamentos de obras da sua área de estudo é recorrer aos folhetos e catálogos das editoras. Antonio Joaquim Severino, no seu manual *Metodologia do trabalho científico*, destaca que: "Os catálogos de nossas editoras têm melhorado significativamente a sua qualidade informativa, aumentando assim a sua efetiva contribuição para o estudo organizado" (1980, p. 72).

Ao estudante interessado em receber indicações e resenhas de livros recém-lançados em seu campo de estudo cabe encaminhar pedido de catálogo às editoras, solicitação que pode ser feita diretamente via internet, remetendo dados acadêmicos e definição da área de conhecimento. Os catálogos podem ser colecionados e as resenhas das obras recolhidas em arquivos de documentação pessoal para posterior utilização.

Após a identificação e a localização das fontes, a terceira fase da pesquisa bibliográfica é a compilação das informações. Essa última etapa está estreitamente associada às atividades de armazenagem e documentação pessoal dessas informações. O que intitulamos simplesmente *documentação* é discriminado por outros autores por documentação geral, documentação bibliográfica e documentação temática.

2. A documentação

A documentação consiste, na prática, em guardar ordenadamente e com critério as informações colhidas da leitura de livros, da assistência às aulas, da participação em conferências e seminários, assim como todo material relevante encontrado na pesquisa bibliográfica.

A vantagem dessa atividade, desenvolvida como forma de estudo, é fazer com que o material utilizado na vida do aluno esteja à sua disposição prática, em qualquer tempo, de maneira a facilitar e agilizar sua eficiente recuperação.

Documentar não é sinônimo de acumular textos e recortes só porque são simpáticos. Não é o caso também de armazenar, sem critério, tudo o que cai nas mãos. Documentar é organizar o material que tem importância significativa para a pesquisa que se realiza. E essa importância está relacionada com o objetivo primeiro de seu estudo.

A documentação geral consiste em arquivar e conservar em ordem, de modo que ajude a identificação quando necessário, o material didático utilizado no curso e o material bibliográfico obtido em fontes não facilmente disponíveis ou mesmo irrecorríveis.

A biblioteca do aluno é, desse modo, o conjunto básico dos livros – citados anteriormente –, complementado com a documentação do material útil retirado de fontes não mais passíveis de consulta.

Na documentação geral faz-se a armazenagem de textos maiores, de várias folhas, tais como: trabalhos didáticos, apostilas, roteiros de seminários, prospectos de conferências, documentos inéditos, textos fotocopiados, material instrucional de aula etc. Do mesmo modo que colecionamos livros, folhetos e catálogos das editoras, tais textos didáticos podem ser agrupados por assunto, classificados em ordem alfabética e colecionados em pastas, fichários grandes tipo AZ ou até mesmo em caixas de camisa. Uma página de frente, nesses arquivos, com relação alfabética ou numérica dos textos, facilita a localização de um documento e evita o manuseio destrutivo.

Documentos menores, de poucas folhas, como recortes de jornais, artigos de revistas, mapas, gráficos estatísticos, estampas e ilustrações, ficam mais bem acondicionados, depois de colados em folha sulfite, em pastas ou fichários simples, encabeçados também por um índice remissivo.

Na montagem dessas folhas, deixar um espaço de 5 cm na parte superior a fim de registrar assunto, título do artigo, autor, nome do jornal ou revista, data, página e letra ou número de referência para a confecção do índice.

Se o aluno tem necessidade de guardar sistematicamente parte ou mesmo o todo de jornais, revistas e boletins acerca de um estudo de seu interesse e vê vantagem nisso, ele deve organizar uma hemeroteca pessoal.

Se se tratar de uma pesquisa bibliográfica em fonte eminentemente jornalística, convém selecionar os artigos ou os exemplares que serão mantidos e agrupá-los em fichários grandes ou pastas tipo AZ, em ordem cronológica, para facilitar utilização posterior. No caso de suplementos e encartes, havendo interesse de colecioná-los na totalidade, recomenda-se de tempo em tempo ajuntá-los em ordem numérica como um caderno volumoso, perfurá-los lateralmente à esquerda e amarrá-los com um barbante grosso feito um fichário. Não se esquecer, ainda, de registrar os artigos num índice geral.

Assim, o que denominamos documentação geral nada mais é que o arquivamento de textos interessantes que complementam o acervo da biblioteca do estudante.

É evidente que essa atividade, embora esteja estreitamente ligada à pesquisa bibliográfica, não constitui essencialmente uma atividade de estudo por não processar intelectualmente, mas apenas de modo técnico, as informações dos textos armazenados.

O estudo realmente acontece quando a pesquisa dos documentos, artigos e livros for acompanhada de uma análise criteriosa de conteúdo e de uma leitura na qual se destacam as informações úteis para a documentação pessoal. Isto é, o estudo propriamente dito ocorre à medida que o aluno for tomando contato com os textos e, conforme um plano prévio de trabalho e de interesse, aplicando-se na classificação das informações segundo graus de relevância para a pesquisa.

Do ponto de vista gnoseológico, essa documentação pessoal a partir da leitura criteriosa dos textos é uma verdadeira operação intelectual "pente-fino" e se constitui numa das formas mais autênticas de estudo como pesquisa.

O estudante que empreende tal estudo, embora esteja investigando um saber já elaborado, não se comporta como um mero repetidor, buscando apenas compreender o encadeamento racional das informações que encontra. Na aplicação à leitura analítica e crítica dos textos consultados, o estudante pode perceber os significados e a arquitetura (amarração) do edifício do conhecimento. Esse é o ponto fundamental da pesquisa. Percebendo as formas de sistematização do conhecimento, o aluno consegue identificar os pressupostos, os argumentos, as teses dos diversos autores e como suas ideias se concatenam ou se contradizem com aquelas.

O critério que orienta a pesquisa para a documentação pessoal é o interesse do aluno pelo tema-problema em estudo, na perspectiva de sua formação intelectual e profissional. As anotações que serão registradas em seus arquivos, no micro ou em folhas de caderno, não devem reproduzir, feito cópia, o que foi lido. Além de fazer transcrições dos trechos importantes que julgar pertinentes ao tema de sua pesquisa, é conveniente que o aluno teça comentários críticos ao conteúdo da leitura, anotando também um diálogo imaginário, mantido com o autor ou autores do texto enquanto lê.

Ao lado das transcrições e sínteses de trechos essenciais do documento consultado, o estudante deve anotar também suas ideias, não menos essenciais, que forem surgindo durante a leitura. Entretanto, o aluno deve ter o cuidado de distinguir as citações literais do autor daquelas resultantes de sua própria reflexão. Para tanto, é prudente estabelecer um código simples para identificar, posteriormente, quando for consultar, de quem é a autoria do texto anotado. Uma convenção bastante aceita para registrar as citações *ipsis litteris*, isto é, as ideias retiradas com as mesmas palavras do autor, é colocar essas citações entre aspas, indicando entre parênteses a página do documento. Essa convenção facilita muito a referenciação bibliográfica futura. Se for o caso de registrar sínteses do pensamento do autor, escolher um outro código para identificá-las. Finalmente, as anotações de ideias pessoais, registrar simplesmente sem código.

Para ilustrarmos isso, apresentamos um modelo de ficha de documentação:

SEVERINO, Antonio Joaquim   Trabalho Científico

Metodologia do trabalho

científico. Cortez Ed.,

São Paulo, 1980.

A obra visa oferecer àqueles que se iniciam na Universidade alguns subsídios para as várias tarefas do seu trabalho intelectual e acadêmico. O autor apresenta normas práticas para o estudo, visando torná-lo organizado. Segundo o A., Trabalho Científico é o "conjunto de processos de estudo, de pesquisa e de reflexão que caracterizam a vida intelectual do universitário" (p. 21).

No 1º cap. trata da organização da vida de estudos. O proveito a se tirar do estudo deve ter a sua continuidade garantida pela prática da Documentação (2º cap.). O aprofundamento do estudo científico pressupõe, ainda, outra forma de leitura: a leitura analítica (3º cap.).

No 4º cap. são apresentadas algumas sugestões para elaboração e execução do Seminário. A elaboração da Monografia Científica é objeto do 5º cap. Aqui o a. trata do Trabalho Científico de modo mais técnico como a própria "monografia científica, texto que relata dissertativamente os resultados de uma pesquisa numa determinada área" (p. 21). O cap. 6º trata dos trabalhos exigidos nos cursos de pós-graduação, e o cap. 7º aborda aspectos lógicos do pensamento humano, fundamentais no contexto da vida universitária.

(§) O A. distingue os tipos de trabalho: *monografia* (que aborda um único tema), *trabalhos didáticos, resumos de textos* e *resenhas* (pp. 143-144).

O objetivo final da pesquisa bibliográfica é o alargamento do campo de estudo sobre determinado assunto para atender às expectativas do estudante diante do objeto de seu estudo.

3. Registro de fontes e notas de referência

Terminada a pesquisa bibliográfica, na forma de documentação, é necessário identificar as fontes para no futuro utilizá-las em outros trabalhos acadêmicos.

Há uma normalização internacional para o registro de todas as formas de pesquisa bibliográfica. No Brasil, essa normalização é divulgada pelo Instituto Brasileiro de Bibliografia e Documentação (IBBD) e pela Associação Brasileira de Normas Técnicas (ABNT).

A citação das fontes consultadas é feita por meio do registro de *notas de referência*, isto é, pelo conjunto padronizado de dados descritivos, retirados dos documentos pesquisados, e que, se ordenados criteriosamente, permite a sua identificação e posterior localização.

A ABNT em vigor define oficialmente as regras para as *notas de referência* a serem empregadas em trabalhos acadêmicos – monografias, dissertações e teses –, artigos de periódicos científicos, resumos e recensões. Conhecer os procedimentos básicos dessas regras é um requisito necessário ao estudante que se pretende pesquisador, a fim de legitimar no meio acadêmico a construção do seu conhecimento.

As notas de referência podem aparecer:

a) em notas de rodapé ou ao final de um artigo de periódico científico;
b) em lista de referências de fontes utilizadas em trabalhos acadêmicos;
c) encabeçando resumos ou recensões.

A seguir são apresentados exemplos dos casos mais comuns de notas de referência para identificação de livros, enciclopédias, periódicos científicos, revistas especializadas, jornais e consultas *on-line*.

Para registro das fontes mais usuais, como as primeiras citadas acima, é importante considerar as seguintes normas fixadas pela ABNT:

1ª) Os principais elementos de uma referência devem ser assim ordenados:

- sobrenome do autor (letras maiúsculas), seguido de vírgula;
- prenome e nome do autor (apenas as iniciais maiúsculas seguidas de ponto ou completos, com a primeira letra de cada nome em maiúscula), seguido de ponto final;
- título completo da obra, em itálico ou negrito, sendo só a primeira letra maiúscula (exceto se houver nomes próprios), seguido de ponto final, se não houver subtítulo;
- subtítulo (se houver), antecedido de dois pontos depois do título, em letras minúsculas (exceto nomes próprios), sem nenhum destaque e seguido de ponto final;
- tradução (opcional e se houver), na forma Tradução: mais nome completo do tradutor, em ordem direta (com iniciais maiúsculas), seguida de ponto final;
- edição (exceto a primeira), número mencionado na obra acompanhado da abreviação ed. e seguida de vírgula;
- imprenta, isto é, cidade de publicação (apenas a primeira letra maiúscula), com menção opcional do estado (abreviação antecedida de vírgula), seguida de dois pontos;
- editora, em letras iniciais minúsculas, da forma grafada na obra, seguida de vírgula;
- ano de publicação (aaaa), seguido de ponto final;
- notas complementares (opcionais), seguidas de ponto final.

Exemplo geral:

BAUDRILLARD, Jean. *A transparência do mal*: ensaio sobre os fenômenos extremos. Tradução: Estela dos Santos Abreu. 8ª ed., Campinas, SP: Papirus, 2004.

2ª) Os elementos da referência devem vir separados entre si conforme a pontuação padronizada pela ABNT. No caso dos elementos opcionais (tradução, estado de publicação) e de notas complementares (indicação de número de páginas, citação de coleções etc.), uma vez definidos, devem ser incluídos nas demais referências.

3ª) As abreviaturas devem seguir padrões universais, e os recursos de destaque (negrito ou itálico) utilizados para realçar o elemento título devem ser uniformes em todas as referências de um mesmo documento.

4ª) No caso de lista de obras, a ordenação das entradas é alfabética, por sobrenome de autores, e, para facilitar a identificação individual de cada documento, devem ser alinhadas somente à margem esquerda do texto, em espaço simples e separadas entre si por espaço duplo.

5ª) O nome de autor de várias obras referenciadas sucessivamente, na mesma página, pode ser substituído, nas entradas seguintes à primeira, por um traço sublinear (equivalente a seis espaços), seguido de ponto final.

Exemplos particulares:

1) Livro de um só autor

MORAIS, João Francisco Regis de. *Filosofia da ciência e da tecnologia*: introdução metodológica e crítica. 6ª ed. Campinas, SP: Papirus, 2007.

2) Livro de até três autores

SEMLER, R.; DIMENSTEIN, G.; COSTA, A.C.G. da. *Escola sem sala de aula*. Campinas, SP: Papirus, 2007.

3) Livro de mais de três autores

MASETTO, M.T. *et al*. *Auto-avaliação em cursos de pós-graduação*: teoria e prática. Campinas, SP: Papirus, 2007.

4) Obra coletiva

ENCICLOPÉDIA DELTA LAROUSSE. 8ª ed. rev. at. Rio de Janeiro: Editora Delta, vol. IX, p. 4683, 2001.

5) Artigo de periódico científico

PRETTO, N.; COSTA PINTO, C. da. Tecnologias e novas educações. *Revista Brasileira de Educação*. Associação Nacional de Pós-graduação e Pesquisa em Educação – ANPED/ Campinas: Autores Associados, vol. 11, n. 31, jan./abr. 2006.

6) Artigo de revista semanal (sem autor)

LIÇÃO de amor. *Veja*, São Paulo: Abril Cultural, n. 25, pp. 48-54, 12 jun.1992.

7) Artigo de jornal

RIBEIRO, R.J. O cidadão incomum. *Folha de S.Paulo*, São Paulo, 19 out. 2008, Caderno Mais, p. 4.

8) Obra com coletânea de vários autores

CARVALHO, M.C.M. de (org.). *Construindo o saber*: metodologia científica, fundamentos e técnicas. 19ª ed. Campinas, Sp: Papirus, 2008.

9) Publicação seriada

Conectiva. Revista de Estudos Midiáticos. Curso de Jornalismo da Universidade do Vale do Sapucaí – Univás, Pouso Alegre, MG, vol. 4, n. 6, jan./jun. 2006. [ISSN – 1679-9232]

10) Obra consultada *on-line*

COMPARATO, F.K. *A humanidade no século XXI*: a grande opção. Publicação eletrônica. Fev. 2000. Disponível em: <http://www.hottopos.com/convenit2/compara.htm>. Acesso em: 26 ago. 2001.

Observação: não é recomendado referenciar material eletrônico de curta duração.

ABREVIAÇÕES E EXPRESSÕES UTILIZADAS:
ed. = edição; il. = ilustrado
rev. at. = revisto e atualizado
v. = volume (tomo); p. = página
n. = número (fascículo);
os meses são abreviados com três letras e ponto, exemplos: jan. mar. jun. ago. (exceto maio).
et al. (expressão latina) = e outros

Finalmente vale reforçar que os métodos aqui apresentados de *pesquisa bibliográfica* e de *documentação* não são por si mesmos atividades exclusivas de estudo se não houver, por parte do aluno, a maturidade para o processamento intelectual das informações que está registrando. Recolher informações e documentá-las pode se transformar numa tarefa mecânica e sem sentido, se o estudante não aprender e compreender os textos em uma perspectiva de mundo e de autoconhecimento. Esse desafio poderá ser mais bem enfrentado com o domínio da leitura analítica e crítica dos textos, assunto do próximo capítulo.

4. Referências bibliográficas

ASTI VERA, A. (1973). *Metodologia da investigação científica*. Porto Alegre: Globo.

CERVO, A.L. e BERVIAN, P.A. (1978). *Metodologia científica*. 2ª ed. São Paulo: McGraw-Hill.

FREIRE, P. *Extensão ou comunicação?*. 4ª ed. Rio de Janeiro: Paz e Terra.

GERALDI, J.W. (org.) (2007). *O texto na sala de aula*. 4ª ed. São Paulo: Ática.

HEIDEGGER, M. (1973). *Qu'appelle-t-on penser*. Paris: PUF.

LAKATOS, E.M. e MARCONI, M.A. (1983). *Metodologia do trabalho científico*. São Paulo: Atlas.

SEVERINO, A.J. (1980). *Metodologia do trabalho científico*: Diretrizes para o trabalho didático-científico na universidade. 14ª ed. rev. amp. São Paulo: Cortez/Autores Associados.

II
O ESTUDO DE TEXTOS TEÓRICOS

Vera Irma Furlan

1. O que é um texto?

O texto é obra humana, produto humano, e se expressa através dos mais variados meios simbólicos: peças de teatro, filmes, televisão, pinturas, esculturas, literatura, poesia, livros científicos e filosóficos, artigos de revistas e jornais etc.

Os textos são a memória do homem na qualidade de ser no mundo e se constituem na herança que possibilita dar continuidade à obra humana na História.

O autor do texto é o homem historicamente situado, que vive a experiência no mundo com os homens, que participa do existir num tempo e num espaço específicos a partir de determinadas condições econômicas, políticas, ideológicas e culturais. Como produto das suas relações com o mundo, é ao mesmo tempo produtor, que transforma o mundo colocando algo de si, mesmo quando não existe o desejo intencional de fazê-lo.

O texto, a obra, é a expressão do viver, experienciar, participar; é o produto colocado no mundo, tem a marca humana. É a manifestação do que o homem produz nos vários campos das artes, da literatura, do saber. É carregado de significações... O texto ilumina e esconde, obscurece o mundo e, ao mesmo tempo que pretende dar respostas aos questionamentos suscitados pelos homens, levanta outras questões, outras perguntas. Esclarece, obscurece...

A obra é histórica, sempre guarda um sentido subjacente; portanto, não é um objeto, não é algo pronto, acabado, definitivo, absoluto. É um eterno fazer-se, o resultado do conjunto de experiências que o homem vivencia na História.

2. O texto teórico

O texto teórico é expressão humana por meio da palavra articulada – linguagem. É por ela que expressa a sua vida.

> (...) E entre os mais variados meios simbólicos de expressão usados pelo homem, nenhum ultrapassa a linguagem, quer na flexibilidade e no poder comunicativos, quer na importância geral que desempenha. A linguagem molda a visão do homem e o seu pensamento – simultaneamente à concepção que ele tem de si mesmo e do seu mundo (não sendo estes dois aspectos tão separados como parecem). A própria visão que tem da realidade é moldada pela linguagem. (Palmer 1986, pp. 20-21)

Os textos teóricos são as obras que expressam um conhecimento do mundo e se diferenciam de outras expressões simbólicas, e mesmo de outras expressões do conhecimento, à medida que são sistematizados, organizados, metódicos. Expressam os saberes produzidos pelos homens ao longo da História e refletem infinitas posições a respeito das questões suscitadas no enfrentamento com a natureza, com os homens e com a própria produção do saber. Como toda obra humana, são imprimidos pela marca da historicidade, "carregam" os significados impressos pelo tempo e espaço em que são produzidos. "Expressam o enfrentamento de seus autores com o mundo" (Freire 1978, pp. 9-12).

Traduzem as angústias, os problemas, as questões que são suscitadas pelo mundo e que desafiam os homens, autores dos textos, das obras.

A sistematização, organização e metodização dos saberes expressos nos textos teóricos resultam de um processo de construção ao longo da História em que os pensadores, cientistas, foram definindo caminhos, sempre na tentativa de encontrar o eixo possível de "esgotamento" de explicação do real. Mas não se pode esquecer: o que ilumina, também "faz" sombras...

3. A relação autor-texto-leitor

A leitura não pode se reduzir a um conjunto de regras de explicação de um texto, como se ele fosse um objeto pronto, acabado, a ser assimilado pelo leitor. O texto "é uma voz humana, uma voz do passado à qual temos, de certo modo, que dar vida" (Palmer 1986, p. 18).

O abrir-se ao texto pressupõe o diálogo com o seu autor, exige o "ouvir" a sua palavra, o seu mundo, a compreensão dos significados nele implícitos.

A leitura de um texto pressupõe objetivos, intencionalidade... O leitor, ao se dirigir ao texto, está preocupado em responder às questões suscitadas pelo seu mundo e, por meio do enfrentamento das posições assumidas pelo autor, busca encontrar pistas que o auxiliem no desvendamento de sua realidade. É somente nesse encontro histórico, em que experiências diferentes se defrontam, que é possível a compreensão e interpretação de textos. "Assim as humanidades alcançam uma medida mais cheia de autoconhecimento e uma melhor compreensão do caráter de sua tarefa" (*ibidem*, p. 22).

Nesse sentido, compreender o texto é tomá-lo a partir de um determinado horizonte, da perspectiva de quem se sente problematizado por ele, e a partir daí deixar-se "possuir" por ele.

4. A leitura de textos teóricos[1]

Os textos teóricos se constituem em instrumentos privilegiados da vida de estudos na Universidade, pois é por meio deles que os estudantes se relacionam com a produção científica e filosófica, é por meio deles que se torna possível participar do universo de conquistas nas diversas áreas do saber. É por isso que aprender a compreendê-los se coloca como tarefa fundamental de todos aqueles que se dispõem a decifrar melhor o seu mundo.

Compreender, interpretar, significa ir além da simples dissecação a que se reduz o formalismo das técnicas de leitura que normalmente afastam, distanciam o leitor da obra.

Sugestões para a leitura

A. Para penetrar no conteúdo de um texto, é necessário ter em mente, em primeiro lugar, o objetivo do seu estudo, sem o qual há o risco de a leitura esvaziar-se de significado. É imprescindível ter claras as questões, os problemas que podem ser desvelados no enfrentamento com o texto, assim como partir do princípio de que ele tem algo a dizer ao leitor.

B. Em seguida, é preciso localizá-lo no tempo e no espaço. Quem é o seu autor? Quando o escreveu? Quais as condições da época em que produziu sua obra? Quais as principais características de seu pensamento? Quais as influências que recebeu e também exerceu?

C. De posse desses elementos é possível elaborar a *primeira etapa da leitura*, cujo objetivo é preparar o texto para a compreensão, verificando as dificuldades no entendimento da linguagem empregada, dos conceitos apresentados pelo autor. Sugere-se a

---

1. Para complementação do estudo desse tema, consultar o Capítulo III da obra de Severino 1985, pp. 112-135. Esse trabalho pode ser considerado um dos pioneiros na abordagem da leitura de textos teóricos, sendo inclusive o grande inspirador da bibliografia publicada na última década no Brasil.

demarcação dos conceitos, das doutrinas desconhecidas, dos autores citados e, após a leitura, a consulta aos dicionários, enciclopédias, manuais, para a explicitação, sem o que torna-se difícil a compreensão da mensagem do autor.

D. É necessário reconstruir a experiência mental do autor, captando antes o todo, para depois dedicar atenção às partes do texto. É por isso que um *segundo momento da leitura* tem como objetivo adquirir uma visão de conjunto do que é tratado no texto, atentando para os temas e subtemas desenvolvidos, o que possibilita a elaboração de um esquema das ideias do autor, seguindo, para isso, a ordem lógica de exposição dessas ideias.

Nessa etapa, em que o leitor fundamentalmente "ouve" a palavra do autor, é necessário verificar se a compreensão das ideias está sendo atingida. Para isso o leitor pode se dirigir ao texto perguntando:

1º) Qual o assunto tratado?

Para responder a essa pergunta, é necessário apontar o tema abordado no texto entre a infinidade desenvolvida pela cultura humana.

2º) Qual o problema central levantado pelo autor?

Considerando que o autor questiona, problematiza o seu mundo, trata-se de verificar a pergunta central levantada pelo texto em estudo.

3º) Diante do problema levantado, qual a posição assumida pelo autor?

O autor, a partir do questionamento, apresenta uma resposta, que se constitui no seu modo de encarar o problema levantado, o seu ponto de vista.

4º) Quais os argumentos apresentados que justificam a posição assumida pelo autor?

É necessário apontar todos os argumentos apresentados, as ideias que confirmam a tese, a posição do autor diante do problema levantado.

5º) Quais os argumentos secundários apresentados pelo autor?

Além dos argumentos centrais, os autores podem desenvolver outros que se constituem em reforço das justificativas apresentadas.

E. A partir desse trabalho, é possível expressar, traduzir a compreensão das ideias do autor por meio da elaboração do *resumo* no qual o estudante compõe uma redação (com seu próprio vocabulário), apresentando os principais momentos do texto.

F. O estudo de textos, na perspectiva aqui desenvolvida, exige como condição prévia este "ouvir" o autor, mas esse trabalho só se realiza plenamente no processo de diálogo, na interpretação, que possibilita o confronto (encontro histórico) entre autor-leitor, mediatizados pela obra. É o momento mais importante do estudo, pois trata-se de "ir além" do texto, de refletir sobre a perspectiva abordada pelo autor e de verificar a contribuição da referida perspectiva para o aprofundamento do assunto e compreensão da realidade.

Partindo da concepção aqui apresentada sobre o significado do texto como obra humana, é o momento de o leitor levantar as suas questões para o texto, as suas angústias. Trata-se de reconstruir o texto a partir de sua própria condição de ser no mundo, de desenvolver a "sua leitura" do texto a partir de "sua leitura" do mundo, de suas preocupações, de seus questionamentos a partir de suas experiências, que na maior parte das vezes não coincidem com as do autor. É necessário trabalhar profundamente com os argumentos apresentados, descobrindo os pressupostos (históricos, ideológicos, epistemológicos) neles presentes, confrontando-os com outras posições. Daí a necessidade da leitura de outros textos sobre o tema, de outras abordagens, de outros pontos de vista.

Nessa perspectiva, o estudo de textos teóricos exige disciplina, rigor, seriedade, condições conquistadas no próprio processo de desenvolvimento teórico pessoal, na atividade constante de busca que deve estar presente no cotidiano da vida de todos aqueles que pretendem deixar a "sua marca" (por mínima que seja) na História.

5. Algumas sugestões para a redação de trabalhos a partir do estudo de textos teóricos[2]

As orientações aqui apresentadas são sugestões destinadas à apresentação de trabalhos a partir do estudo de textos teóricos. Não pretendem ser a única palavra possível sobre o assunto, mas tão somente um instrumental destinado principalmente àqueles estudantes, iniciantes na vida acadêmica, que encontram dificuldades na elaboração desse tipo de atividade acadêmica.

5.1. O esquema

A elaboração do esquema se faz necessária na primeira abordagem do texto teórico, quando o leitor necessita adquirir a visão de conjunto dos temas e subtemas desenvolvidos pelo autor.

Como atividade acadêmica, normalmente é exigido pelos professores como parte do trabalho em torno do texto em seminários ou outras atividades acadêmicas que exigem uma preparação prévia dos participantes.[3]

Procedimentos

1) Durante a fase inicial da leitura grifar (sublinhar) as *palavras-chave* dos parágrafos.[4]

Cada parágrafo que compõe o texto se constitui num momento de desenvolvimento do raciocínio, no desdobramento da argumentação, na apresentação de ideias ou conceitos que, no seu conjunto, demonstram a posição assumida pelo autor. Para a compreensão do texto em sua globalidade, é necessário ter clareza das ideias apresentadas nos parágrafos. São as palavras-chave.

---

2. Sobre redação e dissertação, consultar, entre outros, o excelente trabalho de Barbosa e Amaral 1987, 2ª parte, pp. 83-117.
3. Sobre o trabalho em grupo, consultar o Capítulo III. Sobre a elaboração de trabalhos acadêmicos, consultar o Capítulo V.
4. Para um aperfeiçoamento da técnica de grifar as palavras-chave do texto, consultar Salomon 1973, pp. 83-102.

Para o levantamento destas, pode-se proceder da seguinte forma:

– Pergunta-se: De que fala o parágrafo?
– Devem-se grifar essas palavras.

Os textos, via de regra, apresentam vários parágrafos que tratam do mesmo conceito; sendo assim, grifa-se apenas quando este aparece pela primeira vez.

Importante: não confundir as palavras-chave com as ideias que exercem maior atração, maior interesse por parte do leitor. Estas devem ser destacadas na fase posterior da leitura, no momento da interpretação do texto.

2) Com base no levantamento das palavras-chave nos parágrafos, elabora-se o *esquema* dessas ideias.

Os textos teóricos normalmente apresentam a seguinte estrutura lógica:

a) Introdução (composta dos primeiros parágrafos): o autor apresenta o assunto, o problema levantado em torno dele e a posição que defende a partir do problema.
b) Desenvolvimento: o autor apresenta os argumentos que justificam a posição assumida.
c) Conclusão (últimos parágrafos): o autor "fecha" o texto, apresentando o resultado de sua pesquisa.

Para elaborar o esquema, é necessário detectar os parágrafos em que o autor introduz, desenvolve e conclui o texto; em seguida apontar em cada uma dessas partes as palavras-chave grifadas, que, no seu conjunto, constituem o esquema do raciocínio lógico do autor, possibilitando, assim, a visão do todo do texto.

O esquema pode ser elaborado com base no vocabulário utilizado pelo autor do texto.

5.2. O resumo crítico (ou fichamento)

Deve ser apresentado em dois momentos:

5.2.1. O resumo das ideias do autor – É um trabalho que consiste em apresentar por escrito a compreensão do texto estudado. Deve-se elaborar uma redação resumida, a partir das questões levantadas na fase de compreensão do texto (assunto, problema, posição do autor e argumentos), com vocabulário próprio e estruturação lógica (introdução, desenvolvimento e conclusão).

Na introdução apresentam-se o assunto, problema e posição do autor; no desenvolvimento, os argumentos; e na conclusão, a própria conclusão do autor.

Esse tipo de trabalho acadêmico é fundamental para a preparação de trabalhos em grupo (seminários, simpósios, congressos etc.), elaboração de resenhas[5] e realização de trabalhos científicos e monográficos,[6] à medida que possibilita a documentação[7] dos textos estudados.

5.2.2. A interpretação do texto (ou apreciação pessoal, ou crítica ao texto) – É o momento culminante do estudo de textos, pois se desenvolve a partir da interpretação do texto básico. Pressupõe, dessa forma, as fases anteriores do estudo (preparação e compreensão).

É uma reconstrução mais livre do tema abordado no texto básico, o que pressupõe o diálogo com o autor, o questionamento das posições assumidas e a relação destas com outras abordagens. É um trabalho que consiste basicamente em apresentar a "palavra do leitor", a sua posição frente às questões desenvolvidas, o que exige estudos aprofundados e fundamentalmente "olhos críticos" para o mundo.

---

5. Sobre a elaboração de resenhas, consultar o item 5.4.
6. Sobre a realização de trabalhos científicos e monografias, consultar o Capítulo V.
7. Sobre a documentação, verificar o Capítulo I.

5.3. A resenha de textos

Elisabete Matallo Marchesini de Pádua

A leitura, a compreensão e o fichamento de textos científicos (ver Capítulo I desta parte) são os primeiros recursos metodológicos que utilizamos para a realização de trabalhos acadêmicos; pressupondo um contato mais rigoroso com o material didático normalmente utilizado na Universidade, constituem os primeiros passos em direção a uma postura crítica em relação aos temas abordados nas várias disciplinas.

Essa formação inicial pode ser completada com a elaboração de resenhas de textos.

O principal objetivo da resenha é elaborar comentários sobre um texto, para publicação ou divulgação; como atividade acadêmica, é utilizada para que o educando se familiarize com a análise dos argumentos utilizados para demonstrar/provar/descrever um determinado tema. Pressupõe uma leitura rigorosa do texto e deve conter:

1. Informações gerais sobre o texto;
2. Comentários sobre a ideia central do texto;
3. Comentários sobre o plano de assunto do texto;
4. Comentários pessoais e críticas.

Inicialmente, deve-se identificar autor, texto, época em que o texto foi redigido, tecendo um breve comentário para compreender os objetivos do texto e sua ideia central. A seguir, deve-se sintetizar cada parte do plano de assunto (no caso de livros, cada capítulo) na mesma sequência lógica em que se apresenta, num esforço pessoal de reflexão sobre os elementos fornecidos pela análise do texto.

Quanto aos comentários pessoais, analisar a importância do texto, comentar a sua influência dentro da área a que pertence e as consequências mais significativas de sua publicação.

Na crítica, devem-se levar em consideração os aspectos referentes à publicação do texto, à revisão textual, atualização de gráficos e tabelas, atualização da bibliografia utilizada pelo autor, bem como a sequência lógica e organização do texto.

É fundamental que o educando estabeleça um "diálogo" com o autor, identificando os pressupostos teóricos que orientam o texto, assim como os argumentos que o autor "teceu" em torno da ideia central.

Uma resenha deve ser sintética, aproximadamente de três a cinco páginas.

Como a ABNT também regulamenta os procedimentos para a elaboração de resumos de uma maneira geral, com a utilização de terminologia específica, mas de uso corrente em alguns setores da Universidade, a seguir apresentamos uma síntese da Norma Brasileira (NBR) 6028:2003 – Informação, Documentação, Resumo –, que estabelece os requisitos para redação e apresentação de resumos.

A ABNT define resumo como "a apresentação concisa dos pontos relevantes de um texto".

O resumo visa fornecer elementos capazes de permitir ao leitor decidir sobre a necessidade de consulta ao texto original e/ou transmitir informações de caráter complementar.

É utilizado para:

- *documentação primária específica*: artigos, relatórios, teses, monografias, atas de congresso etc.
- *documentação secundária*: projetos e catálogos de editoras, de livrarias, publicação de indexação e análise etc.
- *documentação de dados bibliográficos*.

Tipos de resumo

Resumo indicativo (*abstract*)
- Indica apenas os pontos principais do texto, não apresentando dados qualitativos ou quantitativos.

Resumo informativo (*summary*)

– Informa suficientemente o leitor para que este possa decidir sobre a conveniência da leitura do texto inteiro. Expõe finalidades, metodologia, resultados e conclusões.

Resumo informativo-indicativo

– Combinação dos anteriores.

Resumo crítico

– Resumo que apresenta a *análise interpretativa* de um documento ou texto, também denominado *recensão* ou *resenha*.

A extensão do resumo depende da finalidade a que se destina:

- para notas e comunicações breves, até 100 palavras;
- para monografias e artigos, até 250 palavras;
- para relatórios e teses, até 500 palavras.

Lembramos que o resumo deve ser composto de uma sequência corrente de frases concisas e não de uma enumeração de tópicos.

Devemos observar que a ABNT utiliza os termos recensão e resenha como sinônimos de resumo crítico; essas especificidades na terminologia não invalidam as propostas anteriormente apresentadas para a elaboração de resumos e resenhas, principalmente como *tarefa acadêmica*.

6. *Referências bibliográficas*

BARBOSA, A.S.M. e AMARAL, E. (1987). "A dissertação e o pensamento lógico". *In*: BARBOSA, A.S.M. e AMARAL, E. *Redação: Escrever é desvendar o mundo*. 2ª ed. Campinas: Papirus.

FREIRE, P. (1978). "Considerações em torno do ato de estudar". *In*: FREIRE, P. *Ação cultural para a liberdade e outros escritos*. Rio de Janeiro: Paz e Terra.

PALMER, R. (1986). *Hermenêutica*. Lisboa: Edições 70.

SALOMON, D.C. (1973). *Como fazer uma monografia; elementos de metodologia do trabalho científico*. 3ª ed. Belo Horizonte: Interlivros.

SEVERINO, A.J. (1985). *Metodologia do trabalho científico*. 12ª ed. São Paulo/Campinas: Cortez/Autores Associados.

III
TÉCNICAS DE DINÂMICA DE GRUPO

Vânia Gomes
Paulo Moacir Godoy Pozzebon

Uma das características mais interessantes da ciência – e também de outras formas de conhecimento – é que ela se constrói de uma forma coletiva. Não é por outro motivo que se usa a expressão *comunidade científica* para se referir ao grupo que faz e reconhece o trabalho científico: não há mais sentido em imaginar o cientista como ser estranho e isolado do mundo, que faz descobertas fantásticas e incompreensíveis.

Para realizarmos o processo de conhecimento, entramos em relação com um grupo de pessoas porque não somos capazes de aprender isolados da realidade. E isso se exprime também na vida profissional: a equipe de trabalho é um grupo que interage numa relação produtiva em que a diversidade de pontos de vista é encarada como elemento enriquecedor. Nesse sentido, as dinâmicas de grupo visam não apenas ao aprendizado de conteúdos, mas também a formas de convivência e produção cooperativa.

Mesmo que se forme espontaneamente, a existência do grupo depende de alguns fatores:

- *um motivo*: um fato ou problema que provoque a ação do grupo, tal como uma pesquisa, um debate, o estudo de um texto ou de um problema;
- *o entrosamento*: os integrantes se conhecem e têm a disposição de trabalhar em conjunto;
- *a disponibilidade*: todos no grupo têm tempo disponível para realizar as atividades e um lugar onde possam se reunir;
- *o planejamento*: a decisão do grupo a respeito de seus objetivos e do modo de realizá-los, organizando suas atividades.

A ação conjunta no grupo implica o desempenho de alguns papéis básicos por parte dos integrantes:

- *coordenador*: é o que ajuda o grupo a esclarecer o que deseja fazer e como deve fazer. É também chamado de facilitador, porque, mantendo a unidade do grupo, permite um melhor resultado;
- *relator*: em geral, os trabalhos em grupo envolvem alguma apresentação escrita. O relator é a pessoa encarregada tanto de anotar e organizar as conclusões do grupo como de unificar diferentes partes preparadas pelos integrantes do grupo;
- *avaliador*: é um papel que todos devem desempenhar; no entanto, pode-se incumbir um membro do grupo de verificar se a forma de trabalho e o relacionamento do grupo têm sido eficientes para atingir os fins propostos.

Espera-se uma rotatividade no desempenho de papéis, uma vez que a aprendizagem na dinâmica de grupo não se dá só no nível de conteúdos, mas também no nível da forma de produção desse conteúdo.

Nesse sentido, a autoavaliação que o grupo realiza ao término do trabalho é importante, pois permite identificar que aspectos influíram sobre os resultados objetivos e verificar se o relacionamento humano dentro do grupo evoluiu no sentido de aceitar e suprir as deficiências, bem como valorizar e aproveitar as qualidades de cada integrante.

As técnicas de dinâmica de grupo que apresentamos são as mais comuns e, ao que nos parece, as mais adequadas aos círculos universitários, sendo aplicáveis a quaisquer áreas do saber, seja numa sala de aula, num auditório, seja em outra forma de grupo.

Importa frisar que uma técnica deve ser escolhida tendo em vista os objetivos formulados para responder às necessidades específicas do grupo, já que diferentes técnicas respondem a diferentes necessidades.

A apresentação a seguir procura prevenir uma falha muito comum: a aplicação indiscriminada da técnica de seminário, por ser uma forma bastante prática, mas nem sempre conveniente, resultando muitas vezes num conjunto de aulas expositivas elaboradas pelos alunos.

1. Díade

Objetivo: Provocar e possibilitar a participação de todos os membros de um grande grupo em trabalhos propostos, bem como promover o entrosamento entre eles.

Procedimento: Consiste em dividir o grande grupo em duplas de trabalho (por exemplo, parceiros lado a lado).

A avaliação por amostragem é a mais conveniente se houver um grande número de díades.

Aplicação: Sondagem de opinião, resolução de exercícios *feedback* e em todas as situações que pedirem trabalho rápido e participativo.

2. Phillips 66

Objetivo: Responde aos mesmos objetivos da díade: participação, entrosamento de todos e rapidez.

Procedimento: O grande grupo divide-se em subgrupos de seis membros vizinhos (três sentados à frente viram-se para os três de trás), que dispõem de seis minutos para realizar a atividade proposta, procurando chegar a um resultado comum, que o relator apresenta. Havendo necessidade, pode-se ampliar o tempo até quase dobrá-lo.

Aplicação: Semelhante à técnica da díade, difere desta por agrupar mais opiniões diferentes na discussão dos subgrupos e por reduzir o grande grupo a um número menor de subgrupos, o que permite avaliar o trabalho de todos. Contudo, observe-se que agrupar pessoas por critério de vizinhança é proceder um tanto aleatoriamente.

3. Painel

Objetivo: Apresentar ao grande grupo um quadro de informações e análises, complementares ou divergentes, a respeito de um tema.

Procedimento: Para operacionalizar esses objetivos, pode-se recorrer a três tipos de painel:

- *Painel de especialistas*: expositores, em número conveniente, apresentam suas posições e análises acerca de um tema; em seguida, coordenados por um mediador, debatem entre si problemas e divergências surgidas das exposições.

- *Painel de interrogação*: exposições de especialistas (professores, convidados, estudantes que se aprofundaram no tema) são seguidas de perguntas formuladas por outros especialistas.

- *Painel de exposição*: dois especialistas, ou duas pequenas equipes de especialistas, expõem suas posições divergentes e se interrogam mutuamente.

Em qualquer um desses procedimentos, após as exposições, é oportuno abrir a palavra às questões e considerações dos ouvintes, pois isso enriquece e renova o interesse nas discussões.

Aplicação: Os três tipos de painel não são mutuamente exclusivos, podendo ser combinados entre si.

A validade da técnica, de um lado, reside na possibilidade de compor diante do ouvinte um quadro de pontos de vista diversificados, principalmente se o tema for complexo ou polêmico, o que amplia os horizontes da discussão. De outro lado, quando usada em sala de aula, a técnica exige do aluno-especialista um razoável domínio do assunto.

4. Fórum

Objetivo: Permitir a um grande grupo participar e aproveitar ao máximo, em termos de tempo e qualidade, a exposição de um especialista.

Procedimento: O palestrante realiza sua exposição sem interrupção. Em seguida, o grupo se divide em subgrupos para trocar ideias e formular perguntas ao expositor. Se for grande o número de subgrupos, poderá ser necessária a presença de um coordenador, que recolherá, organizará e apresentará as perguntas dos ouvintes.

Aplicação: Nas ocasiões em que há grande número de ouvintes, ao coordenador caberá selecionar, já nos subgrupos, as melhores perguntas, evitando assim apresentar ao debate repetições, questões fora do assunto ou irrelevantes, perdendo tempo e qualidade. Nisso difere do debate aberto, em que qualquer indivíduo pode formular questões diretamente ao expositor.

A técnica se revela muito proveitosa quando os subgrupos não se reúnem aleatoriamente (como no Phillips 66), mas por áreas profissionais ou de interesse, resultando em perguntas de grupos específicos (sociólogos, advogados, sindicalistas...). Em sala de aula, é bom exercício de reflexão, no qual os alunos, discutindo entre si à procura de uma "boa" pergunta, obrigam-se a compreender melhor o tema apresentado e associá-lo a outros já dominados.

5. Simpósio

Objetivo: Realizar estudo aprofundado e exaustivo sobre um tema ou problema em seus múltiplos aspectos.

Procedimento: Os diversos aspectos do tema ou problema são atribuídos a diferentes subgrupos, que vão estudá-los em profundidade, inclusive realizando pesquisas. O relator de cada subgrupo apresentará ao grande grupo as conclusões alcançadas e prestará esclarecimentos. Isso proporciona a todos os participantes uma visão simultaneamente geral e aprofundada do assunto, permitindo abrirem-se os debates.

Aplicação: O simpósio permite que um grande grupo estude aprofundadamente um tema amplo, ainda que demande pesquisa. É bastante utilizado nos congressos, para discutir e redigir documentos e conclusões.

Observe-se que, por exigir longo e cuidadoso trabalho, o simpósio não deve ser utilizado com grupos formados aleatoriamente, como no Phillips 66, mas por outro critério.

O simpósio é frequentemente confundido com o seminário ou com o painel. A diferença está no fato de que o simpósio permite um trabalho de maior envergadura e mais participativo.

6. Seminários

Objetivo: Estudar profundamente um tema ou texto, sob orientação do professor ou de um especialista, pondo em comum esclarecimentos, dificuldades teóricas e conclusões obtidas, submetendo, portanto, o trabalho individual à crítica do grupo.

Procedimento:

– *Seminário de texto*: Fixa-se um texto para ser trabalhado em seminário e este é atribuído a um indivíduo, ou pequeno grupo (seminarista), que, orientado pelo professor, vai aprofundar-se em pesquisas (bibliográfica, de campo, em laboratório...) e na problematização do texto.

Para facilitar aos participantes o acompanhamento da apresentação dos resultados, o seminarista confeccionará um texto-roteiro que deve conter, além de informações sobre o texto, algumas informações complementares e bibliográficas, bem como um roteiro de discussão.

A função do seminarista na apresentação é, primeiramente, expor as principais ideias do texto, sua estrutura lógica, suas premissas, suas lacunas, algumas ideias secundárias. Em seguida, trata-se de criticar e problematizar as teses contidas no texto, abrindo a palavra para as considerações dos colegas e do professor.

A principal função do especialista ou professor é anterior à apresentação: delimitar os textos, orientar o seminarista na problematização e texto-roteiro. Na apresentação propriamente dita o professor intervirá como um dos participantes.

A validade de uso dessa técnica está na medida da sua capacidade de envolver *todos* os participantes na discussão. Isso implica, de um lado, que todos devem estudar os textos antecipadamente; por outro lado, que o número total de participantes não deve ser elevado, para que seja possível e até mesmo requerida a palavra de todos.

– *Seminário de temas*: Fala-se de seminário de temas quando o objeto das discussões não é fixado pelas ideias de um determinado texto, mas é o conjunto de aspectos de um tema, escolhido pelo seminarista.

Contudo, o objetivo da técnica só poderá ser alcançado se os participantes não se limitarem a ouvir uma exposição, mas puderem discutir o tema; e, para isso, precisam dispor de uma fonte de subsídios (por exemplo: texto-roteiro, conjunto de textos, filme documentário) suficientes para a informação e análise dos participantes.

O seminário é mais bem aplicado quanto mais avançado for o nível das discussões e dos que nele vão contribuir.

Para as situações em que não se puder assegurar esse trabalho minucioso e essa participação ampla, é recomendável a técnica do simpósio.

Aplicação: É boa metodologia para cursos ou parte de cursos em que o estudo for baseado em textos ou dividido em temas, permitindo uma abordagem interdisciplinar e o exercício do espírito crítico.

7. Estudo de caso

Objetivos: Desenvolver nos participantes a capacidade de análise de uma situação concreta e de síntese de conhecimentos aprendidos.

Procedimento: O professor propõe aos participantes uma situação detalhada, real ou fictícia, para exercício coletivo de análise, na qual deve ser utilizado o instrumental teórico anteriormente aprendido.

Essa situação pode ser apresentada sob forma de filme, relato, dramatização, observação *in loco* etc. O papel do professor é o de coordenar a atividade, incentivando a participação de todos e provocando a reflexão dos alunos.

Aplicação: O estudo de caso é útil para avaliação de aproveitamento, exercício de aplicação de conhecimentos, análise de situação relevante ocorrida, motivação de alunos, entre outros usos. É uma das fontes de elaboração para teses e monografias científicas.

8. Dramatização

A técnica de dramatização presta-se a inúmeras e variadas aplicações. É o grande grupo que determina, como resposta às suas expectativas, os objetivos específicos, a forma de aplicação e, consequentemente, os critérios de avaliação da técnica.

Objetivo: Em geral, a dramatização visa estender a análise crítica de um estudo de caso não apenas ao conteúdo verbal, mas também às linguagens não verbais, posturas e atitudes para com o outro, envolvidas no relacionamento interpessoal.

Procedimento: Um subgrupo representa teatralmente uma situação-problema previamente escolhida, a ser analisada por atores e espectadores em termos de significados dos papéis, utilização de técnicas específicas recomendadas (no caso de um treinamento), solução dos problemas propostos, valores envolvidos, emoções transmitidas etc.

Aplicação: Recurso nos estudos de caso, avaliação do comportamento de um indivíduo numa situação-problema (professor lecionando, médico atendendo paciente, orador discursando).

9. Conclusão

As técnicas possuem caráter eminentemente instrumental; desse modo, as circunstâncias e opções do grupo podem determinar a combinação de diferentes técnicas ou a procura de técnicas novas.

O fundamental é que não se busque apenas a boa execução do procedimento, mas que se responda, de fato, às necessidades de aprendizagem e relacionamento do grupo.

IV
SEMINÁRIO

Elisabete Matallo Marchesini de Pádua

1. Introdução

Muitas aulas e muitos seminários se desenvolveram entre a 4ª e a 22ª edição deste *Construindo o saber*, bem como tem se ampliado, consideravelmente, a reflexão sobre a nossa própria prática pedagógica. Podemos dizer que nesse espaço de tempo foi constante o desafio de fazer das estratégias metodológicas possibilidades de motivação e desenvolvimento dos alunos, a fim de trabalhar um processo de aprendizagem significativa para a formação na graduação.

O seminário tem sido um recurso duplamente importante: de um lado, possibilita a disseminação das ideias de autores importantes para a formação em qualquer área do conhecimento; de outro, por sua característica de *metodologia ativa*, possibilita, cada vez mais, o desenvolvimento da autonomia intelectual dos alunos, por meio do debate, da reflexão e da análise crítica das ideias e temas abordados nas discussões em grupo.

O roteiro inicialmente proposto tem permitido alcançar nossos objetivos, de forma que, para a presente edição, alguns itens foram acrescentados e outros revistos, na expectativa de continuar contribuindo para o crescimento dos professores e alunos envolvidos nos processos educativos.

2. O que é?

O seminário é uma das técnicas de dinâmica de grupo[1] utilizada nos cursos de graduação, pós-graduação, encontros, congressos, visando envolver todos os participantes de um determinado grupo, a partir dos seguintes objetivos gerais:

- Discutir textos e/ou temas por meio do debate, da reflexão e da crítica, constituindo espaço de troca e aprendizagem significativa;
- Transmitir os dados coletados por docentes ou especialistas, visando à atualização de conhecimentos ou divulgação dos avanços da ciência em qualquer área do saber.

3. Seminário de textos

É a estratégia de estudo em grupo mais utilizada nos meios acadêmicos para desenvolver o estudo aprofundado de um texto e a reflexão e discussão sobre seus conceitos e/ou ideias fundamentais.

Objetivos

- Estimular o desenvolvimento de habilidades e competências imprescindíveis à formação na graduação, como a capacidade de ler e interpretar textos teóricos, levantar hipóteses, buscar textos de apoio, identificar argumentos e posição teórica dos autores estudados, levantar questões para discussão;

---

1. Para outras técnicas de dinâmica de grupos que podem ser utilizadas nos meios acadêmicos, ver Capítulo III.

- Apresentar de forma clara os argumentos e as questões levantadas aos participantes do seminário.

REALIZAÇÃO

ETAPA I – PLANEJAMENTO

a) Planejamento e programação dos textos a serem discutidos
- Geralmente feitos pelo professor no Planejamento Pedagógico, tendo como referencial o conteúdo programático da sua disciplina; na prática, é o momento de esclarecimento, a todos os participantes, dos objetivos a serem alcançados com os seminários.
- Cronograma de apresentação: geralmente elaborado pelo professor em conjunto com os participantes.
- Quando necessário, indicação, pelo professor, de textos complementares.

b) Divisão da classe em grupos de estudo
- Os grupos devem ser constituídos de quatro a seis elementos.
- Podem ser aproveitados os grupos já constituídos para estudo em outras disciplinas, a fim de facilitar o trabalho dos participantes.
- Geralmente o professor distribui os textos entre os grupos formados.

ETAPA II – DESENVOLVIMENTO

a) Preparação pelo grupo responsável
- Preparação do texto básico
- Leitura do texto básico
    - esquema do texto
    - esclarecimento de conceitos
    - contextualização do autor
        ↓
        Recursos
        ↓
dicionário de língua portuguesa, dicionários especializados, enciclopédias, manuais especializados.

- Preparação dos textos complementares, quando necessários, da mesma forma que o texto básico.

b) Elaboração do texto-roteiro do seminário

- Deve ser preparado e entregue à classe com um mínimo de 3 dias de antecedência, para que todos possam ter ideia do conteúdo a ser discutido.

Sugestão: para um primeiro seminário o professor pode solicitar que todos preparem o texto-roteiro para se familiarizarem com a técnica. Um grupo poderá ser sorteado para a apresentação.

O texto-roteiro deve conter:

- Apresentação do assunto do seminário.
- Esquema do texto básico contendo os principais momentos do texto, de acordo com as orientações da leitura analítica.
- Localização do texto básico na obra e no pensamento geral do autor ou do contexto mais amplo da disciplina.
- Apresentação dos esclarecimentos dos principais conceitos que aparecem no texto.
- Problematização do texto: levantamento de questões sobre o texto, para debate em classe.
    - o grupo deve elaborar questões para serem posteriormente distribuídas aos grupos de estudo no dia da realização do seminário, a fim de garantir o debate e aprofundar a discussão do texto.[2]
- Bibliografia que o grupo utilizou para complementar o estudo do texto ou que o grupo indica para complementar o seminário,

---

2. O professor deve orientar o grupo quanto ao número de questões a serem levantadas para o debate. Quando realizamos um seminário de texto de um autor – Aristóteles, por exemplo –, geralmente levantamos poucas questões, as mais relevantes e polêmicas, para podermos aprofundar o estudo, conforme os objetivos desse tipo de seminário.

apresentada ao final do texto-roteiro, de acordo com as normas da ABNT.

c) Apresentação do Seminário de textos
- O professor introduz o assunto do seminário.
- O grupo responsável apresenta a dinâmica escolhida para o desenvolvimento e o tempo destinado a cada atividade, inclusive avaliação.
- O grupo responsável apresenta os principais momentos do texto básico e pergunta à classe se são necessários outros esclarecimentos. Dá início ao debate.
- O debate é a parte mais importante do seminário, pois é o momento que conduz à reflexão, à crítica, ao confronto de posições divergentes, o que leva ao aprofundamento do conteúdo do texto e à aprendizagem.
- O debate é o que caracteriza o seminário como técnica geradora de novas ideias, despertando a curiosidade dos participantes, levando a novas indagações sobre o assunto do texto.

Sugestão: a dinâmica que apresentamos a seguir é uma das mais utilizadas nos meios acadêmicos, mas pode-se organizar o debate a partir de outras dinâmicas.[3]

1º Momento – Pequenos grupos

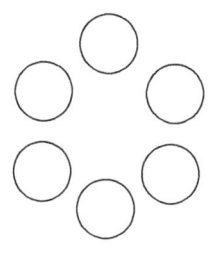

---

[3]. Para complementação, consultar Severino 2002, onde ele sugere outras técnicas.

- O grupo responsável delimita o tempo destinado a essa atividade;
- O grupo responsável divide a classe em pequenos grupos, encarregados do debate em torno das questões já levantadas;
- O grupo responsável distribui uma questão (ou mais) a cada grupo;
- O grupo elege um relator, que ficará encarregado de anotar os pontos fundamentais debatidos, elaborando relatório;
- Os elementos dos grupos responsáveis podem participar das discussões em cada grupo, como forma de "provocar" mais discussões;
- O professor deve supervisionar os trabalhos de cada grupo.

2º Momento – Plenária/Grande grupo

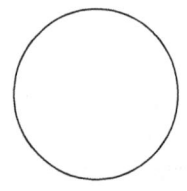

- O grupo responsável delimita o tempo destinado a essa atividade;
- O relator de cada grupo apresenta uma síntese do que foi discutido em cada grupo; é permitida a intervenção de qualquer participante, para incrementar o debate;
- O grupo responsável procura estimular o debate, apontando pontos divergentes, esclarecendo dúvidas;
- Para finalizar, o grupo responsável faz a síntese das discussões e das conclusões do debate.
- Por meio dessa dinâmica garante-se a participação efetiva de todos os integrantes e evita-se que o seminário se transforme em "aula expositiva", sem o envolvimento dos demais alunos.

Quando for o caso, o professor poderá esclarecer dúvidas e estabelecer, como fechamento do seminário, as relações entre o conteúdo discutido e o projeto mais amplo de sua disciplina e/ou de todo o curso.

4. Seminário de temas

Essa técnica é também muito utilizada nos meios acadêmicos como forma de despertar o interesse dos participantes para um determinado assunto, abrindo, assim, perspectivas diversas para a discussão do tema e permitindo uma abordagem interdisciplinar.

Objetivos

- ampliar os conhecimentos que os participantes têm acerca de um determinado tema, por meio da problematização, ou seja, do levantamento de questões sobre o referido tema, a partir das diferentes possibilidades de análise que ele comporta;
- propor alternativas para a solução dos problemas levantados.

ETAPA I – PLANEJAMENTO

a) Planejamento e programação dos temas a serem discutidos
- Geralmente feitos pelo professor de comum acordo com os participantes, que podem inclusive sugerir os temas, tendo como referencial o conteúdo programático e os objetivos de cada disciplina.
- Cronograma de apresentação: geralmente elaborado pelo professor em conjunto com os participantes, ou elaborado pelo professor a partir do cronograma de desenvolvimento do conteúdo programático da disciplina.

b) Divisão da classe em grupos de estudo
- Segue as mesmas orientações do Seminário de textos.

ETAPA II – DESENVOLVIMENTO

a) Preparação pelo grupo responsável
- levantamento dos meios necessários para abordar o tema escolhido.

- textos básicos
- textos complementares
- filmes
- vídeos
- depoimentos de especialistas
- painéis com fotos, desenhos, pinturas etc.
- outros recursos

Sugestão: nas séries iniciais, deve-se procurar ter no mínimo um texto que possa orientar os trabalhos, para que o grupo não extrapole o tema proposto.

b) Elaboração do texto-roteiro do seminário
- Deve ser preparado e entregue à classe com um mínimo de 3 dias de antecedência, para que todos possam ter ideia do tema que será discutido.
- O texto-roteiro deve conter:
    - Breve apresentação do tema a ser discutido
    - Indicação dos recursos que serão utilizados para apresentação do tema
    - Indicação de uma bibliografia de apoio para discussão do tema
    - Se houver um texto que oriente a organização do trabalho, apresentar esquema, nos moldes do seminário de texto
    - Problematização: levantamento das principais questões que a temática sugere para discussão.

c) Apresentação do Seminário de tema
- O professor introduz o tema do seminário, apontando as várias possibilidades de sua abordagem.
- O grupo responsável apresenta a dinâmica escolhida e o tempo destinado a cada atividade, inclusive avaliação.

- O grupo responsável justifica a abordagem escolhida e apresenta os recursos que selecionou para o desenvolvimento do seminário. Dá início ao debate.

- A dinâmica pode ser a mesma do Seminário de textos, ou outra, que depende do tema e dos recursos que o grupo escolheu: filmes, discussão com especialistas, depoimentos etc. O importante é garantir um momento para a participação de todos os presentes.

Sugestão: recomendamos manter pelo menos a plenária, para que a atividade possibilite a aprendizagem para todos os participantes.

5. Avaliação do seminário

Propomos que a avaliação seja realizada pelos três segmentos que participaram da atividade: professor, grupo responsável, demais participantes (classe), assim que se encerrarem as atividades.

Avaliação do professor

a) Quanto aos objetivos:
 - se foram alcançados
 - se foram parcialmente alcançados
 - se não foram alcançados
- O professor deverá apontar as falhas que devem ser superadas nos próximos seminários.

b) Quanto à participação:
- O professor poderá exigir o relatório de cada grupo, como mais um elemento para o processo avaliativo do grupo e da classe.
- Como o aprofundamento da compreensão do texto é realizado

por meio do debate, quando não há o envolvimento dos participantes, o professor procurará detectar possíveis falhas de comunicação e indicar os meios para superá-las.

c) Quanto ao texto-roteiro:
- – se foi elaborado de forma clara e objetiva
- – se foi entregue com tempo hábil aos participantes
- • Avaliação do grupo responsável

Quanto ao desenvolvimento de seu próprio trabalho:
- • Houve dificuldades para a elaboração do texto-roteiro?
- • Houve dificuldades para o desenvolvimento da dinâmica proposta?
- • Houve dificuldades quanto à participação de todos os elementos do grupo?

d) Quanto à realização do seminário:
- • Houve dificuldades de comunicação com a classe?
- • Houve dificuldades de participação da classe na dinâmica proposta?
- • Como o grupo avalia os resultados do seu trabalho em relação aos objetivos propostos?
- • O grupo preparou recursos audiovisuais adequados ao tema proposto?
- • O grupo mostrou domínio do conteúdo apresentado?

Avaliação dos participantes

a) Quanto à preparação do seminário:
- • O grupo entregou o texto-roteiro em tempo hábil?
- • O grupo introduziu o tema com clareza?
- • O grupo elaborou questões pertinentes ao texto/tema discutido?

b) Quanto à realização do seminário:
- O grupo selecionou dinâmica adequada?
- O grupo delimitou corretamente o tempo para cada atividade?
- O grupo alcançou os objetivos propostos?
- Como os participantes avaliam os resultados do seminário?

Sugestão: o professor ou o grupo responsável poderão indicar um ou mais – participante para avaliação do seminário, ou ainda solicitar aos participantes que voluntariamente procedam a uma avaliação.

Como os Seminários de textos e de temas têm objetivos específicos articulados a todo o desenvolvimento curricular, uma estratégia que pode complementar esse trabalho acadêmico é a organização de uma mostra de todos os seminários, a partir de uma Exposição de Pôsteres (ver orientações no Capítulo VI), elaborados pelos alunos, com a finalidade de:

- estimular a redação de sínteses dos conteúdos apresentados nos seminários;
- estimular a organização de informações em forma de gráficos, tabelas, figuras, etc., que possibilitem aos demais participantes a imediata compreensão do conteúdo do seminário;
- proporcionar aos alunos uma vivência importante no plano da comunicação acadêmica de seus trabalhos;
- proporcionar ao grupo classe uma visão de conjunto dos conteúdos abordados na disciplina;
- ampliar a socialização dos trabalhos realizados.

Dessa forma, a organização e apresentação dos Seminários de textos e de temas se desdobra em seu potencial formativo, possibilitando aos alunos outro espaço de aprendizagem cooperativa e desenvolvimento da autonomia intelectual.

Apresentação gráfica[4]

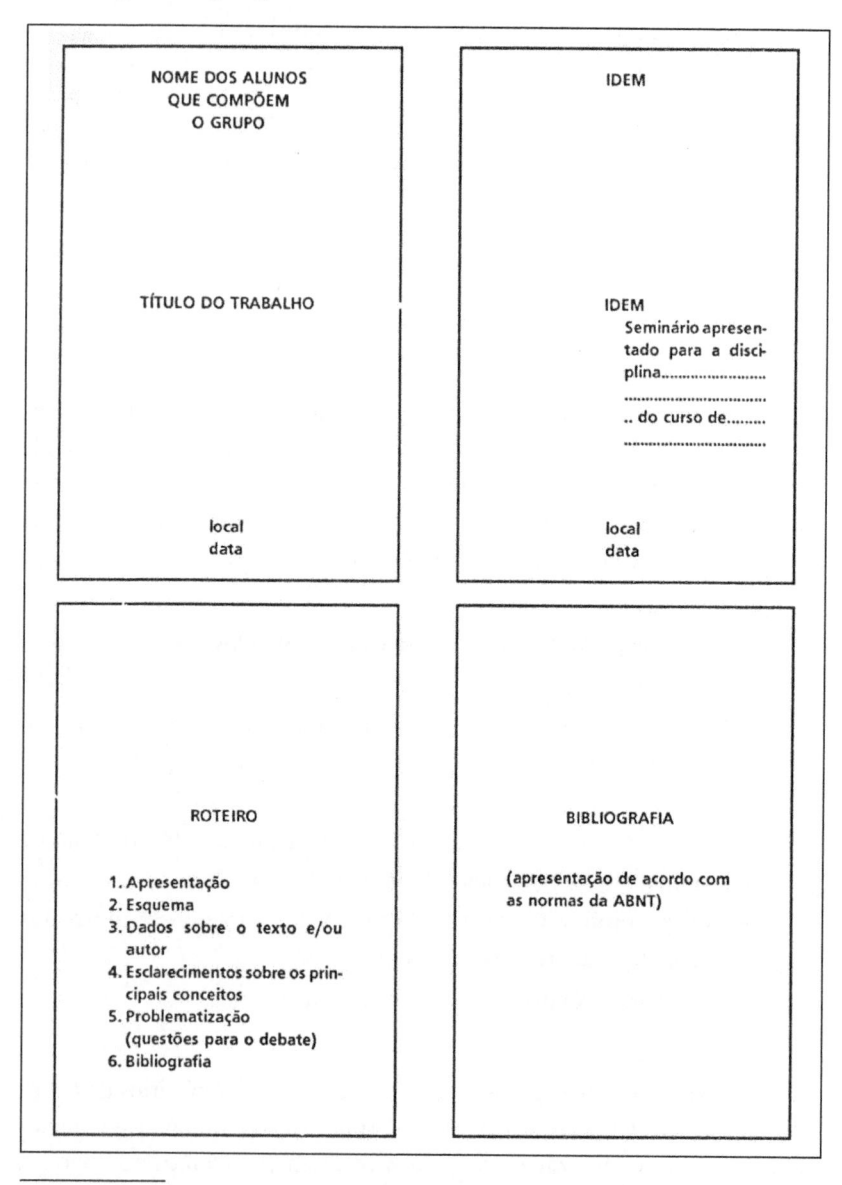

```
┌─────────────────────────┬─────────────────────────┐
│   NOME DOS ALUNOS       │        IDEM             │
│   QUE COMPÕEM           │                         │
│   O GRUPO               │                         │
│                         │                         │
│                         │                         │
│   TÍTULO DO TRABALHO    │   IDEM                  │
│                         │   Seminário apresen-    │
│                         │   tado para a disci-    │
│                         │   plina.................│
│                         │   ........................│
│                         │   .. do curso de........│
│                         │   ........................│
│        local            │        local            │
│        data             │        data             │
├─────────────────────────┼─────────────────────────┤
│        ROTEIRO          │      BIBLIOGRAFIA       │
│                         │                         │
│  1. Apresentação        │  (apresentação de acordo com │
│  2. Esquema             │   as normas da ABNT)    │
│  3. Dados sobre o texto e/ou │                    │
│     autor               │                         │
│  4. Esclarecimentos sobre os prin- │              │
│     cipais conceitos    │                         │
│  5. Problematização     │                         │
│     (questões para o debate) │                    │
│  6. Bibliografia        │                         │
└─────────────────────────┴─────────────────────────┘
```

---

4. Deve seguir as normas gerais para apresentação de trabalhos acadêmicos, sob orientação do professor.

6. Referências bibliográficas

ANASTASIOU, L.G.C. e ALVES, L.P. (2003). *Processos e ensinagem na universidade: pressupostos para as estratégias de trabalho em aula.* Joinville: Univille.

BORDENAVE, J.D. e PEREIRA, A.M. (2002). *Estratégias de ensino-aprendizagem.* 23ª ed. Petrópolis: Vozes.

CARVALHO, M.C.M. (org.) (1994). *Construindo o saber. Metodologia científica: Fundamentos e técnicas.* 4ª ed. rev. e ampliada. Campinas: Papirus.

HÜHNE, L.M. (org.) (1987). *Metodologia científica: Caderno de textos e técnicas.* Rio de Janeiro: Agir.

MENDES, G.S.C.V. e MUNHOZ, A.M.H. (2007). "Instrumentos de avaliação diversificados: Um aspecto da avaliação processual e do trabalho pedagógico". *Série Acadêmica*: PUC-Campinas, n. 22, pp. 29-41, jan./dez.

SEVERINO, A.J. (2002). *Metodologia do trabalho científico.* 22ª ed. rev. e ampliada. São Paulo: Cortez.

V
O TRABALHO MONOGRÁFICO COMO INICIAÇÃO À PESQUISA CIENTÍFICA

Elisabete Matallo Marchesini de Pádua

1. Introdução

Podemos dizer que a pesquisa é uma atividade voltada para a solução de problemas, que se utiliza de um método para investigar e analisar essas soluções, buscando também algo "novo" no processo do conhecimento.

Entretanto, na vida acadêmica, o termo *pesquisa* tem sido utilizado em seu sentido amplo, isto é, tem designado uma ampla variedade de atividades, desde a coleta de dados para a realização de seminários até a realização de pastas-arquivo com recortes de jornais e revistas sobre um assunto escolhido pelo professor, ou mesmo uma forma de resumo, ou ainda uma coleta indiscriminada de trechos de vários autores sobre um determinado tema, resultando numa colagem que nem sempre favorece o processo de aprendizagem.

Um certo "modismo" que envolveu a solicitação de pesquisas e essa indefinição em torno do que seja a pesquisa científica têm frequentemente assustado os educandos – a "síndrome da pesquisa bibliográfica", a "síndrome da monografia" – e levado a uma postura de resistência quanto à realização de trabalhos acadêmicos que envolvam qualquer tipo de pesquisa; por outro lado, a sistematização, a disciplina intelectual, o procedimento lógico, a divisão do trabalho em etapas, a avaliação processual, têm sido muitas vezes entendidos como elementos bloqueadores da criatividade dos educandos, quando na realidade são estratégias pedagógicas que possibilitam o desenvolvimento de uma postura de rigor frente à produção de conhecimento, que deve ser desenvolvida desde a graduação.

Mais do que a "posse" de técnicas, de instrumentos para manipular o real, de normas e procedimentos metodológicos, sem dúvida necessários, o trabalho acadêmico como momento de formação de consciência crítica, a iniciação à pesquisa como um espaço privilegiado para o crescimento intelectual do educando, devem constituir nossos objetivos.

É com esse espírito que elaboramos esta síntese dos principais aspectos que envolvem a realização de trabalhos monográficos, ressaltando a importância da monografia para a formação e o desenvolvimento de uma atitude de dúvida, de descoberta, de questionamento, de abertura, de crítica, atitude esta necessária à formação profissional em qualquer área de conhecimento.

2. O trabalho monográfico

A monografia se configura como uma atividade de pesquisa científica em função dos recursos metodológicos que exige na sua elaboração, sendo geralmente solicitada nos últimos anos dos cursos de graduação e nos cursos de pós-graduação.

A monografia é o resultado do estudo científico de um tema, ou de uma questão mais específica sobre determinado assunto; vai sistematizar o resultado das leituras, observações, críticas e reflexões feitas pelo educando.

O trabalho monográfico ultrapassa o nível da simples compilação de textos, dos resumos ou opiniões pessoais, exigindo maior rigor na coleta e análise dos dados a serem utilizados, podendo ainda avançar no campo do conhecimento científico, propondo alternativas para abordagens teóricas ou práticas nas várias áreas do saber.

A elaboração da monografia é um processo de trabalho cuja duração depende do tema e da finalidade a que se destina; sugerimos a divisão desse processo de trabalho em etapas, para que se possa realizá-lo com tranquilidade, rigor científico e reflexão crítica, elementos indispensáveis a qualquer tipo de pesquisa.

ETAPA I
O PROJETO DE PESQUISA

A realização de um projeto inicial, provisório, que oriente o educando no seu trabalho, constitui a fase de planejamento da pesquisa, que envolve os seguintes passos:

1) Seleção do tema e formulação do problema a ser investigado;
2) Levantamento da(s) hipótese(s) que leve(m) à solução/explicação do problema;
3) Levantamento bibliográfico inicial;
4) Definição dos recursos metodológicos que serão utilizados para a realização da pesquisa;
5) Elaboração do cronograma de trabalho.

1) Seleção do tema e formulação do problema a ser investigado

Quando os temas para pesquisa não constituem uma exigência de determinada disciplina, devem-se selecionar temas que sejam relevantes para a vida acadêmica, mas que estejam condizentes com o estágio de desenvolvimento intelectual do educando.

Os trabalhos monográficos de conclusão de curso podem ter sua temática voltada para assuntos que direcionem o educando a uma especialização, ou mesmo para preencher lacunas teóricas que eventualmente ocorreram durante o curso. Podem ainda dar continuidade às pesquisas iniciadas em outras monografias, aprofundando o conhecimento em determinado assunto, estabelecendo propostas de atuação em uma área específica ou realizando uma verificação empírica de uma proposta de trabalho que só havia sido elaborada teoricamente.

O tema escolhido deve se constituir num desafio, para que a motivação para a pesquisa se mantenha até o final do trabalho. A leitura de outras monografias, a discussão com especialistas da área, debates, filmes, são recursos que auxiliam a escolha do tema e levam à formulação clara do problema a ser investigado e a suas possíveis soluções.

A problematização do tema pode abrir um leque de subtemas ou questões que, muitas vezes, vêm auxiliar a definição do problema a ser solucionado, a definição da(s) hipótese(s) de trabalho para alcançar esse objetivo, bem como as suas relações com as teorias existentes.[1] É evidente a inter-relação entre tema-problema-hipótese para solução do problema, e deve-se levar em consideração que, nesta fase inicial da pesquisa, muitas revisões serão efetuadas, daí a denominação de *projeto provisório de pesquisa.*

2) Levantamento das hipóteses

> A ciência, bem como o conhecimento de qualquer tipo, se inicia quando alguém faz uma pergunta inteligente. A pergunta inteligente é o começo da conversa com a natureza (ou com a sociedade...). Lembre-se que, na verdade, a pergunta, a que se dá o nome de hipótese, já contém a resposta (...) (Alves 1983, p. 85).

Isso quer dizer que, a partir do momento em que delimitamos um tema a ser pesquisado e elaboramos a sua problematização, estamos dando certo direcionamento para as possíveis soluções, que funcionam como um

---

1. Para complementação, consultar Dusilek 1986, cap. 5, pp. 61-76, especialmente roteiro para delimitação do tema.

guia para o desenvolvimento do trabalho. De certa maneira, a hipótese antecipa o resultado da pesquisa, dependendo da posterior coleta de dados para ser confirmada ou não.

No geral, as hipóteses devem ser "provadas" quando se inserem num quadro de pesquisa experimental, dificilmente encontrada nos cursos de graduação. A maioria dos trabalhos monográficos é realizada por meio de pesquisa bibliográfica e documental, e a função da hipótese é fixar a diretriz do projeto como elemento integrador da reflexão durante o processo de pesquisa.[2]

3) Levantamento bibliográfico inicial

A formulação do problema e o levantamento das hipóteses que levariam à sua solução são fatores importantes para o direcionamento da pesquisa bibliográfica inicial, que marca o início do trabalho de coleta dos dados que serão necessários para o desenvolvimento da hipótese de trabalho.

Esse levantamento bibliográfico inicial deve ser discutido com o professor/orientador, que poderá indicar a necessidade de ampliar ou não a relação dos textos que devem ser utilizados no trabalho. No próprio decorrer da pesquisa podem surgir novos dados que exijam uma ampliação ou revisão dessa bibliografia inicial.

Nesse primeiro contato com a bibliografia deve haver a preocupação de consultar o sumário dos livros, com a intenção de uma pré-seleção de textos, relacionando os que têm mais possibilidade de esclarecer/fundamentar a hipótese de trabalho.

Os periódicos e as revistas especializadas devem fazer parte dessa seleção inicial de textos, na medida em que discutem/comentam em seus artigos as teorias e a prática profissional de cada área. Apresentam geralmente resenhas de textos novos, que podem trazer subsídios para a discussão/ análise do tema proposto para a pesquisa.

---

2. Para complementação, consultar Goode e Hatt 1975, cap. 6, pp. 74-97.

Nesta etapa não é necessário que se faça a leitura dos textos ou capítulos, porque é seletiva. Mas é de grande importância que se organize um fichário de apontamentos, com cada ficha contendo os dados bibliográficos completos do texto, seu número de registro na biblioteca (caso o livro não seja próprio) e um resumo do seu conteúdo, feito a partir do sumário.

Nas revistas especializadas, os artigos geralmente são antecedidos de um resumo (*abstract*), que também deve ser anotado.

Esse procedimento facilitará a discussão do projeto inicial com o professor/orientador e a identificação das fontes de pesquisa que realmente interessam ao desenvolvimento do tema escolhido; embora esse contato seja inicial, auxilia também na identificação dos pressupostos teóricos que sustentarão a argumentação lógica do trabalho.[3] Na etapa da coleta de dados propriamente dita, se for utilizado o texto selecionado, deve-se dar continuidade às anotações iniciais da ficha de apontamentos, com o registro (resumo) do conteúdo do texto ou mesmo transcrição dos trechos mais importantes. Na transcrição, os parágrafos devem constar entre aspas e ter o número da página em que se encontram anotados como citação literal.

4) Definição dos recursos metodológicos

A definição dos recursos metodológicos que serão utilizados na pesquisa também deve ser discutida com o professor/orientador. Nos trabalhos acadêmicos geralmente utilizamos a pesquisa bibliográfica, complementada com outros recursos metodológicos, dependendo da natureza do tema e dos objetivos da pesquisa.

5) Elaboração do cronograma de trabalho

Uma das grandes dificuldades para a realização dos trabalhos acadêmicos é a falta de organização do tempo disponível para a realização

---

3. Para complementação, consultar Severino 2002.

das inúmeras tarefas que a vida universitária requer. Isso tem gerado situações dramáticas, que levam o educando a adiar a execução das tarefas e muitas vezes a acreditar que o trabalho monográfico pode ser realizado num curto período de tempo.

Todo trabalho de pesquisa requer uma disciplina intelectual, sendo absolutamente necessário que se organize um cronograma de trabalho, sequencial, pelo qual se possa avaliar o estágio do processo de desenvolvimento da pesquisa. Pode-se dividir o tempo disponível em função das etapas principais de realização da pesquisa e subdividir o cronograma para organizar o trabalho de cada etapa, discutindo a viabilidade de execução com o professor/orientador da pesquisa e redimensionando-o caso a sequência prevista seja interrompida por algum motivo.

EXEMPLO DE CRONOGRAMA

Projeto:												
Etapa II: Coleta de dados – questionário												
Mês / Semana	1 / 1	1 / 2	1 / 3	1 / 4	2 / 1	2 / 2	2 / 3	2 / 4	3 / 1	3 / 2	3 / 3	
ATIVIDADES												
1. Elaborar questionário	■											
2. Imprimir questionário		■										
3. Distribuir questionário			■									
4. Recolher questionário				■ ▼								
5. Analisar questionário					■	■						
PREVISTO ▨ REALIZADO ■												

ROTEIRO BÁSICO PARA O PROJETO PROVISÓRIO DA PESQUISA

1) Tema ou assunto específico da pesquisa.
2) Descrição resumida do que consiste o problema a ser investigado.
3) Relação das questões que devem ser respondidas pela pesquisa. (Que hipóteses devem ser "provadas"?)
4) Indicação do levantamento inicial da bibliografia relacionada ao problema da pesquisa.
5) Indicação dos recursos metodológicos que serão utilizados para a coleta de dados. (Pesquisa bibliográfica? Entrevistas? Relatórios de estágio? etc.)
6) Elaboração do Plano de Assunto Provisório, mostrando a provável estrutura do trabalho de pesquisa: divisão em capítulos, itens e subitens com as respectivas titulações.
7) Cronograma de atividades para cada etapa da pesquisa, indicando o tempo provável em que cada etapa será desenvolvida e completada.

ETAPA II
A COLETA DE DADOS

É a etapa que dará início à pesquisa propriamente dita, com a busca exaustiva dos dados, recorrendo-se aos tipos de pesquisa mais adequados ao tratamento científico do tema escolhido, bem como adequados ao nível do curso, se de graduação ou pós-graduação.

A coleta de dados pode ser realizada, dentre outros, por meio dos seguintes recursos metodológicos:

1) Pesquisa experimental;
2) Pesquisa bibliográfica;
3) Pesquisa documental;

4) Entrevistas;
5) Questionários e formulários;
6) Observação sistemática;
7) Estudo de caso;
8) Relatórios de estágio.

O procedimento metodológico na coleta de dados tem sido considerado do ponto de vista do instrumental e das técnicas utilizadas, o que por si garantiria uma sistematização da pesquisa e sua qualidade científica.

Queremos salientar que o método, enquanto processo lógico e técnico, efetivamente conduz a um resultado que pode ser considerado dentro dos parâmetros do "científico", mas toda a pesquisa envolve pressupostos epistemológicos, teóricos, valorativos e éticos, os quais, por si, já determinam a escolha do "objeto" a ser pesquisado e o próprio direcionamento, em termos de coleta de dados, que "marcará" a pesquisa com a "visão de mundo" do pesquisador.

Dependendo da natureza do "objeto" a ser pesquisado, podemos utilizar a pesquisa experimental, a pesquisa bibliográfica, a pesquisa documental ou uma combinação entre elas e outros recursos metodológicos.

1) Denomina-se *pesquisa experimental,* pesquisa básica, aquela que se desenvolve na busca das relações entre fatos sociais ou fenômenos físicos, por meio da identificação e manipulação das variáveis que determinam a relação causa-efeito proposta na hipótese de trabalho. A verificabilidade e a quantificação dos resultados são elementos essenciais a este tipo de pesquisa, que, devido às suas características, não é frequentemente realizado no nível dos cursos de graduação. Os termos de laboratório ou pesquisa de campo servem para designar o local onde elas se desenvolvem, mas sua característica geral é o controle de variáveis com base no referencial teórico de cada área do conhecimento.

2) A *pesquisa bibliográfica* é a realizada por meio da identificação, localização e compilação dos dados escritos em livros, artigos de revistas

especializadas, publicações de órgãos oficiais, bases da dados, etc., sendo necessária a qualquer trabalho de pesquisa, antecedendo a própria pesquisa experimental. Mesmo buscando as informações nas fontes citadas, o pesquisador deve estar atento para que suas conclusões não sejam só um resumo do material encontrado; podem-se estabelecer novas relações entre os elementos que constituem um determinado tema/problema, e se acrescentar algo ao conhecimento existente, utilizando-se os procedimentos do método científico.

Pela sua característica, presta-se à formação acadêmica, devendo ser utilizada como recurso para despertar no educando o interesse pela pesquisa e pelo desenvolvimento de um espírito indagador e crítico acerca das múltiplas dimensões da nossa realidade.

3) *Pesquisa documental* é aquela realizada a partir de documentos considerados cientificamente autênticos (não fraudados); tem sido largamente utilizada nas Ciências Sociais, na investigação histórica, a fim de descrever/comparar fatos sociais, estabelecendo suas características ou tendências; além das fontes primárias, os documentos propriamente ditos, utilizam-se as fontes chamadas secundárias, como dados estatísticos, elaborados por institutos especializados e considerados confiáveis para a realização da pesquisa.

Nos trabalhos acadêmicos, destacando-se a monografia, utilizamos geralmente a pesquisa bibliográfica,[4] complementada com outros recursos como: coleta de dados através de entrevistas, questionários, formulários, estudos de caso e observação sistemática.

4) As *entrevistas* constituem uma técnica alternativa para coletar dados não documentados sobre um determinado tema. Deve-se levar em consideração que a entrevista pode ter suas limitações; dependendo da técnica adotada, os entrevistados podem não dar as informações de modo preciso ou o entrevistador avaliar/julgar/interpretar de forma distorcida as informações.

---

4. Consultar Capítulo I da Segunda Parte.

Podem ser utilizadas as seguintes técnicas:

A *entrevista informal* é feita com profissionais da área, com especialistas ou mesmo outros professores do curso; pode ser muito importante ainda na etapa de elaboração do projeto como técnica exploratória que auxilia na problematização do tema e na delimitação da hipótese de trabalho. Requer que se organize um roteiro inicial para introdução ao tema, mas não há uma preocupação com o controle rígido das respostas, pois seu objetivo é justamente ampliar as perspectivas de análise de um tema, ou ampliar o conhecimento sobre a relação teoria-prática de uma área específica.

Já a *entrevista formal* requer que se organize um roteiro de questões cujas respostas atendam ao objetivo específico de coletar dados para determinado assunto da pesquisa; no geral as respostas serão analisadas qualitativamente, mas requer-se um mínimo de padronização para que se possam comparar as respostas dos entrevistados e daí extrair os subsídios para a pesquisa.

Pode-se utilizar também a *entrevista livre-narrativa*, quando se solicita ao entrevistado discorrer sobre o tema pesquisado; ou ainda a *entrevista de grupo*, em que pequenos grupos (aproximadamente cinco pessoas) respondem as questões do roteiro inicial, sendo as respostas organizadas posteriormente pelo pesquisador, numa avaliação global.

Para maior segurança e fidelidade, as entrevistas devem ser gravadas e depois transcritas. Quando utilizadas para comprovação de dados ou complementação de trabalhos acadêmicos, devem figurar como anexos do trabalho de pesquisa, devidamente autorizadas pelos entrevistados.

O número de entrevistas suficiente para cada trabalho vai depender do tipo e da quantidade de informações que se quer coletar e de suas relações com os objetivos do trabalho, devendo ser estabelecido a partir das discussões com o professor/orientador do trabalho.

O *roteiro* da entrevista é uma lista dos tópicos que o entrevistador deve seguir durante a entrevista. Isso permite uma flexibilidade quanto à ordem ao propor as questões, originando uma variedade de respostas ou mesmo outras questões.

Na elaboração do roteiro devem-se levar em consideração os seguintes itens:

- a distribuição do tempo para cada área ou assunto;
- a formulação de perguntas cujas respostas sejam descritivas e analíticas, para evitar respostas dicotômicas (sim/não);
- atenção para manter o controle dos objetivos a serem atingidos, a fim de evitar que o entrevistado extrapole o tema proposto.

Devem ser marcados com antecedência o horário e o local da entrevista.

5) *Questionários e formulários* - Os questionários são instrumentos de coleta de dados que são preenchidos pelos informantes sem a presença do pesquisador.

Deve-se ter o cuidado de limitar o questionário em sua extensão e finalidade, a fim de que possa ser respondido num curto período, com o limite máximo de 30 minutos.

Na elaboração do questionário é importante determinar quais são as questões mais relevantes a serem propostas, relacionando cada item à pesquisa que está sendo feita e à hipótese que se quer demonstrar/provar/verificar. Isso quer dizer que o pesquisador deve elaborar o questionário somente a partir do momento em que adquire um conhecimento razoável do tema proposto para a pesquisa.

Quando o número de pessoas selecionadas para responder o questionário é muito grande, ou elas não residem no local da pesquisa, pode-se enviar pelos Correios ou por meio eletrônico. Nesse caso, é indispensável uma carta de apresentação, que deve conter indicações sobre:

- qual a finalidade do estudo;
- como preencher o questionário;
- se há ou não necessidade de identificação pessoal; nos casos em que for necessário, garantir o anonimato;
- como devolver o questionário preenchido.

Formulário é o nome geralmente usado para designar uma coleção de questões que são perguntadas e anotadas por um entrevistador, numa situação "face a face" com o entrevistado.

Tanto o questionário quanto o formulário, por se constituírem de perguntas fechadas, padronizadas, são instrumentos de pesquisa mais adequados à quantificação, porque são mais fáceis de codificar e tabular, propiciando comparações com outros dados relacionados ao tema pesquisado. As perguntas devem ser ordenadas das mais simples às mais complexas.

Para a aplicação do formulário, deve-se fazer um pré-teste, a fim de verificar as dificuldades do aplicador, as dificuldades de entendimento das questões, e proceder a uma cronometragem para verificação do tempo médio gasto em cada aplicação, que não deve exceder 30 minutos.

O número de questionários e formulários é delimitado a partir do tema e dos objetivos da pesquisa.

Como nas entrevistas, deve-se padronizar o cabeçalho dos questionários e formulários, que deverão conter dados que identifiquem o informante (sexo, idade, estado civil, profissão, data da aplicação), autorização para publicação (nos casos de monografia de conclusão de curso), ou outros dados de interesse para a pesquisa, como local de trabalho, grau de escolaridade, faixa salarial etc.

6) *Observação sistemática* - Nosso conhecimento do mundo físico e do mundo social se realiza a partir da observação espontânea, informal ou assistemática; registramos os fatos observados a partir de nossa experiência, cultura, visão de mundo, tentando buscar uma explicação para a realidade e as relações entre os fenômenos que a compõem.

Quando falamos na observação como *fonte* de dados para a pesquisa, queremos dizer que a partir do momento em que o pesquisador se interessa pelo estudo de um dado aspecto da realidade, a observação espontânea deve ser *verificada* por meio da *observação sistemática,* para que se elabore então o conhecimento científico daquele aspecto do real que se quer conhecer.

Nesse sentido, a observação sistemática é seletiva, porque o pesquisador vai observar uma parte da realidade, natural ou social, a partir de sua proposta de trabalho e das próprias relações que se estabelecem entre os fatos reais.

Na observação sistemática pode-se recorrer ao uso de formulários ou questionários previamente elaborados, para obter um registro padronizado das observações feitas. Esse registro pode ser ainda complementado com fotos, filmes, *slides*.

Lembramos que os fatos a serem observados devem estar delimitados pelo plano de pesquisa, mas fatos que o pesquisador considerar significativos podem ser registrados para análise e possível inclusão.

Deve-se também levar em consideração se a "situação" a ser observada será *natural,* quando os registros são feitos sem que os observados percebam, ou *idealizada,* também denominada *observação participante,* quando o observado interfere com ou sem a consciência dos observados, e cria situações novas.

Na observação participante cria-se uma situação de proximidade e mesmo envolvimento com o pesquisado ou um grupo, a fim de vivenciar as mesmas situações e problemas para posterior avaliação. Esse envolvimento pessoal faz com que esse recurso para coleta de dados apresente muitas dificuldades; deve-se recorrer às técnicas de observação quando, não estando disponíveis outros recursos metodológicos, seu uso se justifique.[5]

7) O *estudo de caso* é um meio para coletar dados, preservando o caráter *unitário* do "objeto" a ser estudado. Deve-se ter sempre em mente que a totalidade de qualquer objeto de estudo, quer físico ou biológico, quer social, é uma construção intelectual, uma vez que não dispomos de meios concretos para definir precisamente esses limites. O estudo de caso não pode ser considerado um recurso metodológico que realiza a análise do objeto da pesquisa em toda a sua unicidade, mas é uma tentativa de abranger as características mais importantes do tema que se está pesquisando.

---

5. Para complementação, ver Goode e Hatt 1975, pp. 171-268.

O estudo de caso, como uma análise qualitativa, pode complementar a coleta de dados nos trabalhos acadêmicos ou constituir, em si, um trabalho monográfico.

Como em outras técnicas em que há intervenção direta do pesquisador, no estudo de caso corre-se o risco de distorção dos dados apresentados, risco que aumenta à medida que o pesquisador se aprofunda no processo ou "conhece bem" a pessoa estudada, podendo ocorrer um envolvimento emocional indesejável. Como consequência, pode haver um afastamento do plano original da pesquisa e os dados coletados podem vir a ser baseados somente na "intuição" do pesquisador, o que deve ser evitado.

Os estudos de caso podem ser feitos por meio do *diário de pesquisa* ou da *história de vida* do indivíduo, do grupo ou de um dado processo social.

O *diário de pesquisa* é o registro cotidiano dos acontecimentos observados: manifestação de comportamento, mudanças decorrentes de medicamentos ministrados, conversas, observação sistemática etc.

Além de fazer parte do conjunto de dados a serem utilizados para análise final, o diário de pesquisa é importante elemento de orientação do trabalho científico, permitindo uma retrospectiva do trabalho/terapia já realizado. Pode ainda fornecer novos elementos para análise de aspectos que não tinham sido levados em conta, ou mesmo para exploração de novos aspectos do caso estudado.

As observações devem ser criteriosamente anotadas em fichas e arquivadas em pastas em ordem cronológica, para consulta e/ou confirmação de dados, se necessário.

As *histórias de vida* também são documentos íntimos, registrados pelo pesquisador ou pelo próprio informante, em diários, cartas, alguns tipos de trabalhos literários, material expressivo, conversas ou entrevistas, relatos de experiência.

Constituem um material que deve ser complementado e comparado com outras fontes ou com outros depoimentos de pessoas ligadas ao caso pesquisado, em função do caráter subjetivo que envolve esse tipo de técnica. Deve-se procurar obter informações tão reveladoras e espontâneas quanto possível, com mínima influência do pesquisador.

Os documentos obtidos devem ser arquivados em ordem cronológica e separados em pastas individuais, no caso de vários sujeitos pesquisados. Podem também ser anexados aos trabalhos monográficos para complementação/comprovação/ilustração dos dados citados no decorrer do trabalho.

Biografias e autobiografias também podem ser consideradas como fontes para coleta de dados e aproveitadas em estudos de casos, sob orientação do professor.

8) Na vida acadêmica, os *relatórios de estágio* assumem cada vez mais uma grande importância, na medida em que constituem o primeiro contato do educando com sua prática profissional, a oportunidade de estar relacionando teoria e prática. Na maioria dos cursos os alunos passam por um estágio de observação, seguido de um estágio onde há maior participação, sob a supervisão do professor.

Em ambos os casos, o relatório de estágio deve ser elemento dinâmico para a formação do educando, tendo o objetivo de transferir um "segmento" da realidade para um contexto de interpretação científica; introduz, ainda, outros pontos de vista, de outras áreas do conhecimento, permitindo ao educando vivenciar o aspecto multidisciplinar de sua atuação e os princípios éticos que devem nortear cada profissão.

Na coleta de dados para uma pesquisa, os relatórios de estágio podem, muitas vezes, significar o único recurso metodológico disponível nos estudos de caso, principalmente nas áreas em que o saber científico está se estruturando.

O educando deve adquirir o hábito de prepará-los com o máximo rigor e arquivá-los em ordem cronológica, separados por assunto ou disciplina. No caso de utilizá-los como fonte de dados para o trabalho monográfico, devem constar dos anexos,[6] quando for o caso, ou a critério do professor.

ETAPA III

A ANÁLISE DE DADOS

---

6. Para esclarecimentos sobre funções específicas dos relatórios de estágio, consultar Porzecansky 1974, pp. 57-73.

Após o término da coleta de dados, deve-se iniciar a etapa de classificação e organização das informações coletadas, tendo em vista os objetivos do trabalho. Essa etapa envolve:

1) Classificação e organização das informações;
2) Estabelecimento das relações existentes entre os dados coletados;
   - pontos de divergência;
   - pontos de convergência;
   - tendências;
   - regularidades;
3) Tratamento estatístico dos dados.

Muitas vezes a pesquisa é realizada para que o educando se familiarize com os pressupostos teóricos que orientam a ação em determinada área; seu objetivo é realizar uma análise comparativa entre vários autores, cujas posturas diferentes não nos permitem agrupá-los, quando desejamos utilizar suas teorias para analisar determinada situação.

Nesse caso, os dados coletados devem ser analisados a partir dos pontos de divergência e dos eventuais pontos de convergência encontrados; devem-se elaborar quadros explicativos, que poderão facilitar a redação posterior do trabalho, tornando claras essas diferenças, igualdades, tendências ou regularidades.

As informações devem ser classificadas tendo como referência o capítulo ou item do plano provisório de assunto; as informações não documentadas devem ter suas fontes novamente pesquisadas, para serem utilizadas com segurança na redação final do trabalho. Deve-se também verificar a atualização das informações, a fim de que não se utilizem conceitos considerados ultrapassados no nível do conhecimento científico.

A partir dessa organização dos dados, podemos ter uma visão de conjunto do trabalho, havendo ainda oportunidade de uma complementação, caso seja necessário. No caso de alguns dados não serem essenciais à pesquisa, pode-se arquivá-los para uso posterior.

Dusilek (1986) sugere o seguinte roteiro auxiliar para interpretação e verificação dos dados coletados:

– verifique os fatos;
– verifique os pressupostos;
– verifique os materiais ou fontes utilizados;
– verifique as técnicas utilizadas;
– verifique o esquema de referência teórica;
– procure erros lógicos;
– verifique o esquema de análise;
– verifique a inter-relação entre a hipótese, a teoria e o esquema de análise proposto.

Essa preocupação com a análise dos dados permite que o trabalho monográfico ultrapasse o nível de simples compilação de textos; a criatividade do educando vai estabelecer as relações entre os dados coletados, muitas vezes permitindo um avanço na elaboração do conhecimento científico.

Quando os dados são coletados mediante questionários e formulários, o tratamento estatístico vai permitir uma análise adequada dos resultados obtidos. A representação visual através de tabelas e gráficos facilita a compreensão dos dados.[7] A análise quantitativa deve ser seguida sempre de uma análise qualitativa relacionada aos presssupostos teóricos que orientam a pesquisa (com exceção dos estudos exploratórios, cujo objetivo é só o levantamento de dados).

ETAPA IV

A ELABORAÇÃO ESCRITA

Esta última etapa para a realização do trabalho monográfico vai envolver:

---

7. Para iniciação ao tratamento estatístico e orientação básica na elaboração de gráficos, ver Spiegel 1972; Gatti e Feres 1986.

1) Estrutura definitiva do projeto de pesquisa: elaboração do plano de assunto;
2) A redação final;
3) Apresentação gráfica geral do trabalho.

1) Estrutura definitiva do projeto de pesquisa

Após a etapa de análise dos dados, elabora-se, com base no plano de assunto do projeto provisório, a estrutura definitiva, isto é, o plano de assunto a partir do qual será realizada a redação do trabalho monográfico.

Muitas vezes o plano de assunto inicial é modificado em função dos dados coletados ou das discussões com o professor que orienta o trabalho.

O plano é composto de três partes distintas – introdução, desenvolvimento e conclusão –, com as subdivisões que se fizerem necessárias:

– *Introdução*

Deve ser escrita somente quando o trabalho estiver concluído, atendendo aos seguintes objetivos:

a) anunciar o assunto, apresentar a ideia geral da pesquisa, delimitar o tema e mostrar a sua importância, definir a metodologia que será utilizada pela pesquisa;
b) mostrar como será desenvolvido o trabalho, a ideia central de cada parte ou capítulo, a fim de que se tenha uma visão global do que será o trabalho.

– *Desenvolvimento*

Também chamado corpo do trabalho, visa comunicar os resultados da pesquisa. Como núcleo fundamental do trabalho deverá conter o seguinte:

a) uma divisão que mostre a estrutura lógica com que o tema foi desenvolvido; sua divisão em capítulos vai ser efetuada de acordo com a necessidade de desdobramento do assunto;

b) logo no início, os títulos mais importantes do plano e a subdivisão de cada um segundo a lógica e o material disponível, em itens e subitens, adotando uma numeração progressiva até o final do trabalho. Essa divisão servirá de base para a realização do sumário.

– Conclusão

Geralmente configura a resposta à hipótese de trabalho anunciada na introdução, quando o pesquisador manifesta seus pontos de vista sobre os resultados da pesquisa, sintetizando os argumentos que o levaram a "provar" suas propostas iniciais.

Os trabalhos monográficos de conclusão dos cursos de graduação podem indicar, na conclusão, propostas de atuação profissional para uma determinada área; na perspectiva da produção de conhecimento, deve-se considerar que essas propostas, mesmo não tendo caráter conclusivo, podem indicar alternativas e/ou sugestões para continuidade da pesquisa em nível mais elaborado.

2) A redação final

Recomenda-se que seja elaborada uma pré-forma/rascunho/versão preliminar do trabalho monográfico, a fim de que se possa ter uma ideia de todo o trabalho e detectar possíveis incorreções. Em muitos casos, o professor pode fazer uma pré-avaliação, no sentido de auxiliar na descoberta de falhas na argumentação utilizada na redação, nos recursos ilustrativos, e outros, havendo então a possibilidade de revisão para a versão definitiva.

Quanto à linguagem científica, sua característica é informativa, técnica, devendo-se evitar pontos de vista pessoais em expressões como "eu penso", "parece-me", "como todo mundo sabe", que dão margem a interpretações subjetivas.

Não há necessidade de uma redação com palavras sofisticadas, mas é importante estar familiarizado com a linguagem específica – *jargão* – de cada área de conhecimento, para que se empregue a terminologia correta.

O uso de parágrafos deve ser dosado na medida necessária para articular o raciocínio; toda vez que se dá um passo a mais no desenvolvimento do raciocínio, muda-se o parágrafo.

Salienta-se o caráter impessoal da redação, bem como a validade de utilização de expressões como "o presente trabalho", "deduzimos", "nossos argumentos mostraram que", na primeira pessoa do plural.

Atenção especial devem merecer as notas de rodapé. Como a maioria dos trabalhos acadêmicos é realizada por meio de pesquisa bibliográfica, as fontes de informação a que se recorreu para a argumentação e desenvolvimento da pesquisa devem ser indicadas mediante as citações.

A citação literal ou textual é a transcrição de frases ou trechos de um autor, com a finalidade de esclarecer ou conformar uma argumentação. Deve ser colocada no texto entre aspas, seguida de um número de chamada, que remete ao rodapé da página, local em que se indica a fonte de onde procede a citação, registrando o nome do autor, em ordem direta, o título da obra, e o número da página onde se poderá encontrar a frase ou trecho em questão – os outros dados bibliográficos constarão da bibliografia final.

Pode-se ainda recorrer ao uso de citações conceituais, quando se comenta ou resume o pensamento do autor.

Quando se utilizam longos trechos de um autor para a redação do trabalho, deve-se indicar, também em notas de rodapé, que aquele item ou subitem está "baseado em" determinado autor, adotando-se o mesmo procedimento técnico anteriormente citado.[8]

Os números de chamada das notas de rodapé são contínuos, do início ao fim do trabalho de pesquisa. As notas de rodapé são separadas do texto propriamente dito por um traço que prolonga até 1/3 da página, e deve-se deixar 1 cm de espaço tanto acima como abaixo do traço; pode-se também adotar a prática de colocar as notas ao final do trabalho.

---

8. Consultar também as normas para documentação organizadas pela ABNT 2002.

Recursos ilustrativos explicam e complementam o texto; são consideradas figuras as fórmulas, os mapas, os fluxogramas, os esquemas, entre outros. A numeração é sequencial no texto, com algarismos arábicos e legendas abaixo das figuras e devem ser criteriosamente distribuídas no texto. As figuras devem se constituir em recurso de apoio e/ou esclarecimento sobre o texto, o que demanda escolha criteriosa para seu uso.

O mesmo procedimento deve ser utilizado quanto às tabelas. As listas de figuras e tabelas devem constar das páginas preliminares.

Os quadros e as tabelas são adequados para sintetizar dados não estatísticos; acima deles ficam as legendas, e tanto os quadros como as tabelas recebem numeração sequencial em algarismos arábicos. As tabelas têm as bordas laterais abertas e os quadros têm as bordas laterais fechadas.

3) *Apresentação gráfica geral do trabalho*

No geral, os trabalhos acadêmicos devem apresentar a seguinte ordem:

1ª) *Capa*: nome do autor, ordem direta, centralizado, no alto da página.
- título do trabalho, grifado, centralizado, no meio da página.
- local e data, centralizados, no nível da margem inferior.
- não é numerada.

2ª) *Folha de rosto*: nome do autor, ordem direta, centralizado no alto da página.
- título do trabalho, grifado, acima do meio da página, centralizado.
- abaixo do título, do lado direito, deve constar uma explicação quanto à natureza do trabalho, a instituição a que se destina, sob a orientação de quem foi realizado. Exemplo:

Trabalho de Aproveitamento da Disciplina Filosofia da Ciência, do Curso de Filosofia da Pontifícia Universidade Católica de Campinas, sob a orientação do Professor _____

- local e data, centralizados, no nível da margem inferior.
- a numeração se inicia na folha/página de rosto, mas não é obrigatório colocar o número no alto da página.

3ª) *Página de aceitação*: página onde serão colocadas as observações sobre o trabalho e a avaliação; também denominada *folha de aprovação*, deve conter o nome dos avaliadores e local para assinatura e registro da avaliação, quando for o caso.

4ª) *Prefácio*: não é obrigatório; pode ser escrito pelo autor ou por um convidado, citando a instituição que promoveu a pesquisa ou agradecimentos pela orientação e patrocínios recebidos.

5ª) *Resumo*: ver item 5.3 do Capítulo II.

6ª) *Páginas preliminares*: listas de tabelas, figuras, abreviaturas, códigos ou símbolos. São páginas numeradas, mas não constam do sumário.

7ª) *Sumário*: indica as partes do trabalho, capítulos, seus títulos, itens e subitens, e as páginas em que se encontram.

8ª) *Introdução*

9ª) *Desenvolvimento*: corpo do assunto, cada capítulo deve começar nova folha e ser numerado progressivamente, em algarismos romanos. Os itens e subitens deverão ser munerados com algarismos arábicos até a terceira subdivisão, quando então podemos usar letras. Exemplo:

    1.-
      1.1.-
        1.1.1.-
          1.1.1 a(...) etc.

10ª) *Conclusão*

11ª) *Referências*: lista de todos os autores citados no texto; deve ser organizada segundo a ordem alfabética dos autores; quando forem utilizadas várias obras de um mesmo autor, substitui-se o nome do autor por um traço. Exemplo:

PRADO JÚNIOR, Caio. *Dialética do conhecimento*. 6ª edição, São Paulo, Editora Brasiliense, 1980, 704 p.

_____ *O que é filosofia.* 2ª edição, São Paulo, Editora Brasiliense, Coleção Primeiros Passos, 1981, 104 p.

12ª) *Bibliografia*: lista das obras consultadas, que não tiveram menção explícita no texto.

13ª) *Anexos*: são documentos, nem sempre do próprio autor do trabalho, que têm a finalidade de complementar/ilustrar/comprovar dados citados no decorrer da pesquisa. No caso de vários anexos acompanharem o trabalho de pesquisa, cada anexo deve vir separado de outro por folha que indique seu conteúdo. Cada anexo tem sua numeração independente de outro; a folha que indica seu conteúdo tem sua numeração de acordo com a sequência normal do trabalho de pesquisa.

14ª) *Contracapa*: folha em branco que encerra o trabalho.

Quanto à forma gráfica do texto, deve-se levar em consideração:

- *Tipo de papel:* tamanho ofício (21,5 x 31,5), digitado de um só lado em espaço 2, dando à margem superior e à margem esquerda o espaço de 3cm e à margem inferior e à margem direita o espaço de 2cm.
- O título de cada capítulo do corpo do trabalho deve ser centralizado e colocado a 8cm da margem superior da folha.
- Todo parágrafo deve iniciar-se depois de contados 8 espaços do início da linha.[9]
- A forma gráfica do texto pode sofrer alterações quanto às suas medidas, quando os trabalhos forem editados por computador e/ou forem necessárias alterações nas margens, para atender às especificidades da área de conhecimento a que se destinam; no entanto, deve-se manter uma forma *consistente* e *uniforme* na apresentação gráfica.

---

9. Veja exemplos de apresentação gráfica do trabalho nos Anexos (monografia PUC-Campinas, Biblioteca Campus II, Tomo 339, com autorização da autora).

ETAPAS PARA A REALIZAÇÃO DO TRABALHO MONOGRÁFICO

ETAPAS	ATIVIDADES
1. O PROJETO DE PESQUISA	1.1 – Seleção do tema e formulação do problema a ser pesquisado. 1.2 – Levantamento da(s) hipótese(s) que leve(m) à solução/explicação do problema. 1.3 – Levantamento bibliográfico inicial. 1.4 – Indicação dos recursos metodológicos que serão utilizados para a coleta de dados. 1.5 – Elaboração do cronograma de atividades.

2. A COLETA DE DADOS	2.1 – Recursos Metodológicos:
	    2.1.1 – Pesquisa experimental
	    2.1.2 – Pesquisa bibliográfica
	    2.1.3 – Pesquisa documental
	    2.1.4 – Entrevistas
	    2.1.5 – Questionários e formulários
	    2.1.6 – Observação sistemática
	    2.1.7 – Estudo de Caso
	    2.1.8 – Relatórios de Estágio

3. A ANÁLISE DOS DADOS	3.1 – Classificação e organização das informações coletadas. 3.2 – Tratamento estatístico dos dados. 3.3 – Estabelecimento das relações existentes entre os dados: análise qualitativa e análise quantitativa.
4. A ELABORAÇÃO ESCRITA	4.1 – Estrutura definitiva do projeto de pesquisa: elaboração final do plano de assunto – introdução, desenvolvimento e conclusão. 4.2 – A redação final. 4.3 – A apresentação gráfica geral do trabalho.

3. Referências e bibliografia recomendada

ASSOCIAÇÃO BRASILEIRA DE NORMAS TÉCNICAS. ABNT. *NBR 10520/2002* (2002): Informação e documentação – apresentação de citações em documentos. Rio de Janeiro.

_____ *NBR 14724/2005* (2005). Informação e documentação – referências – elaboração. Rio de Janeiro.

BARRAS, R.(1979). *Os cientistas precisam escrever; Guia de redação para cientistas, engenheiros e estudantes.* São Paulo: A. Queiroz/Edusp. 218p.

    1. Registros pessoais, comunicações. Como os cientistas devem escrever. 2. Pensar, planejar, escrever, rever. Pensamentos postos em palavras. 3. Os números contribuem para precisão, leitura. Preparo do relatório de uma investigação. 4. Falar sobre Ciência.

BRANDÃO, C.R. (org.) (1984). *Pesquisa participante.* 4ª ed. São Paulo: Brasiliense. 252p.

    1. Pesquisar-participar: proposta e projeto. Reflexões metodológicas. 2.

Pesquisa-ação. 3. Elementos metodológicos da pesquisa participante. 4. Metodologia do conhecimento científico através da ação. 5. Economia camponesa e pesquisa participante.

DUSILEK, D. (1986). *A arte da investigação criadora.* 7ª ed. Rio de Janeiro: Junta de Educação Religiosa e Publicações. 271 p.

1. Dinâmica do conhecimento científico. 2. Natureza da atividade de pesquisa. 3. Técnica de estudo pela leitura. 4. Planejamento da pesquisa. 5. Coleta e análise de dados. 6. Elaboração e editoração do relatório de pesquisa. 7. Avaliação do relatório de pesquisa. 8. Modelos demonstrativos.

DUVERGER, M. (1962). *Ciência política, teoria e método.* 2ª ed. Rio de Janeiro: Zahar. 437 p.

1. A observação documental, análise de documentos: métodos clássicos e métodos quantitativos. 2. A observação direta, amostragem, métodos de interrogação: preparação do questionário, aplicação do questionário. 3. Observação intensiva: as entrevistas, a observação participante. 4. Comparação e sistematização: métodos comparativos clássico e matemático, métodos gráficos.

ECO, U (1983). *Como se faz uma tese.* São Paulo: Perspectiva. 184 p.

1. O que é uma tese e para que serve. 2. A escolha do tema. 3. A pesquisa do material. 4. O plano de trabalho e o fechamento. 5. A redação.

FEITOSA, V.C. (1991). *Redação de textos científicos.* Campinas: Papirus. 155 p.

1. O cientista no processo de comunicação. 2. As bases da ação. 3. Preparativos para a comunicação eficaz. 4. A redação do texto. 5. Revisão crítica. Anexos.

GIL, A.C. (2002). *Como elaborar projetos de pesquisa.* 4ª ed. São Paulo: Atlas.

1. Como encaminhar uma pesquisa? 2. Como formular um problema de pesquisa? 3. Como construir hipóteses? 4. Como classificar as pesquisas? 5. Como delinear uma pesquisa bibliográfica? 6. Como delinear uma pesquisa documental? 7. Como delinear uma pesquisa experimental? 8. Como delinear uma pesquisa *ex-post facto*? 9. Como delinear um estudo de coorte? 10. Como delinear um levantamento? 11. Como delinear um estudo de campo? 12. Como delinear um estudo de caso? 13. Como delinear uma pesquisa-ação? 14. Como delinear uma pesquisa participante? 15. Como calcular o tempo e o custo do projeto? 16. Como redigir o projeto de pesquisa.

GOODE, W.J. e HATT, P.K. (1975). *Métodos em pesquisa social.* 5ª ed. São Paulo: Nacional. 488 p.

1. Nova Sociologia. 2. Ciência: teoria e fato, valores e ciência. 3. Ciência: pura e aplicada. 4. Elementos básicos do método científico: conceitos, hipóteses, verificação da hipótese. 5. Observação. 6. Questionários e entrevistas. 7. Probabilidade e amostragem. 8. Técnicas de escalonamento. 9. A preparação do relatório.

HEGENBERG, L. (1976). *Etapas da investigação científica.* São Paulo: EPU/Edusp. vol. I, 207 p., vol. II, 254 p.

Volume I:
1. Contexto da pesquisa. 2. Observação e experimentação. 3. Relações e funções. 4. Mensuração. 5. Probabilidade. 6. Indicação.

Volume II:
1. Dados históricos: Mach, Russell, Wittgenstein. 2. Leis naturais. 3. Teorias. 4. Método científico. 5. Pesquisa bibliográfica.

_____ (1969). *Explicações científicas; introdução à filosofia da ciência.* São Paulo: Herder/Edusp. 308 p.
1. Crenças e Ciência. 2. Filosofia da Ciência. 3. Explicações, leis e teorias. 4. Determinismo e causalidade. 5. As ciências sociais: observações gerais. Subjetividade. 6. A história.

KAPLAN, A. (1975). *A conduta da pesquisa.* 2ª ed. São Paulo: EPU/Edusp. 440 p.
1. Ciências Sociais, metodologia e pesquisa. A base empírica. Positivismo lógico. As leis e funções. 2. O experimento, a observação nas ciências do comportamento. 3. Medidas: função e estrutura, o papel da estatística. 4. Modelos, teorias, explicações e valores. Planejamento.

LAKATOS, E.M. e MARCONI, M.A. (1982). *Metodologia científica.* São Paulo: Atlas. 231 p.
1. Ciência e conhecimento científico. 2. Métodos científicos. 3. Fatos, leis e teorias. 4. Hipóteses. 5. Variáveis: elementos constitutivos das hipóteses. 6. Plano de prova: verificação das hipóteses.

_____ (1982). *Técnicas de pesquisa.* São Paulo: Atlas. 205 p.
1. Pesquisa: conceito, planejamento. 2. Amostragem. 3. Técnicas de pesquisa. 4. Observação, entrevista, questionário, formulário, outras técnicas. 5. Elaboração de dados, codificação, tabulação. 6. Análise e interpretação. 7. O trabalho científico.

LITTON, G. (1975). *A pesquisa bibliográfica* (em nível universitário). São Paulo: McGraw-Hill do Brasil. 188 p.
1. A importância da pesquisa, obras de referência. Escolha do tema. 2. Como avaliar e organizar a informação. 3. Apresentação, publicação e divulgação.

MANN, P.H. (1973). *Métodos de investigação sociológica.* 2ª ed. Rio de Janeiro: Zahar. 199 p.
1. Sociologia e ciência. 2. Método científico em sociologia. 3. Etapas básicas da investigação sociológica. 4. Documentação como fonte de dados. 5. Pessoas como fonte de dados. 6. O levantamento de amostras com entrevistas formais. 7. O questionário fechado. 8. Escalas de distância social: Bogardus, Thurstone, Lickert. 9. Sócio-mútua e sociogramas. 10. Análise e apresentação dos resultados.

MATOSO, M.C. e DUBOIS, M.C.T.(2007). *Orientações para apresentação de trabalhos acadêmicos*. Campinas: PUC-Campinas. 43 p.

MORGENBESSER, S. (org.) (1979). *Filosofia da ciência*. 3ª ed. São Paulo: Cultrix.

1. Ciência: natureza e objetivo. 2. Utilidade e condições de aceitação da hipótese. 3. O que é uma teoria científica. 4. Observação e interpretação. 5. Explicação científica. 6. Aspectos da explicação em teorias biológicas.

MORIN, E. (2002). *Ciência com Consciência*. 6ª ed. rev. e amp. Rio de Janeiro: Bertrand Brasil, 2002.

1. Primeira Parte: Ciência com Consciência. 2. Segunda Parte: Para o Pensamento Complexo.

PÁDUA, E.M.M. de (2007). *Metodologia da pesquisa abordagem teórico-prática*. 13ª ed. Campinas: Papirus.

1. Sobre a Questão do Método. 2. O Processo de Pesquisa – Etapa I – O projeto de pesquisa: Planejamento; Etapa II – A coleta de dados; Etapa III – A análise dos dados; Etapa IV – A elaboração escrita.

PINTO, A.V. (1969). *Ciência e existência*; problemas filosóficos da pesquisa científica. Rio de Janeiro: Paz e Terra. 537 p.

1. Filosofia e pesquisa. 2. Evolução do conhecimento científico. 3. Ciência-homem-meio. 4. História e conhecimento. 6. Lógica e dialética. 7. A pesquisa como trabalho. 8. O pesquisador, seu papel e condições de trabalho.

PORZECANSKY, T. (1974). *Lógica y relato en trabajo social*. Buenos Aires: Humanistas. pp. 57-73. (Mimeo, Fac. Serv. Social da PUC-Campinas).

RUDIO, F.V. (1982). *Introdução ao projeto de pesquisa científica*. 6ª ed. Petrópolis: Vozes. 121 p.

1. O problema metodológico da pesquisa. 2. Comunicação e conhecimento científico. 3. A observação. O projeto de pesquisa. 4. Pesquisa: discutiva e experimental. 5. O problema da pesquisa. Hipóteses. 6. Coleta, análise e interpretação dos dados.

SALOMON, D.V. (2001). *Como fazer uma monografia*; elementos de metodologia do trabalho científico. 10ª ed. São Paulo: Martins Fontes.

1. O método do estudo eficiente, leitura, resumo, prática da documentação pessoal. 2. O trabalho científico, relatório e informe científico, escolha do assunto, biblioteca e documentação, elaboração da monografia.

SALVADOR, A.D. (1971). *Métodos e técnicas de pesquisa bibliográfica; elaboração e relatório de estudos científicos*. 2ª ed. Porto Alegre: Sulina. 235 p.

1ª Parte: 1. Passos formais do estudo científico: escolha do assunto, formulação de problemas, planejamento. 2. Investigação das soluções. 3. Impressos bibliográficos: a arte de tomar apontamentos, técnica, composição e modelos de fichas, classificação. 4. Leitura, técnicas de livros. 5. Análises explicativas das soluções.

2ª Parte: 1. Conceito e estrutura de relatórios científicos. Tipos de relatórios, redação e apresentação formal, normas.

SEVERINO, A.J. (2002). *Método do trabalho científico.* 22ª ed. rev. e amp. São Paulo: Cortez.

1. Organização da vida de estudos na Universidade. 2. A documentação como método de estudo pessoal. 3. Leitura, análise e interpretação de textos. 4. A realização do seminário. 5. A elaboração da monografia científica e dos trabalhos de pós-graduação. 6. Os pré-requisitos lógicos do trabalho científico.

VI
O PÔSTER COMO ESTRATÉGIA DE SOCIALIZAÇÃO DE TRABALHOS ACADÊMICOS

Elisabete Matallo Marchesini de Pádua

Os trabalhos acadêmico-científicos podem ser socializados por meio de inúmeras estratégias, como painéis, mesa-clínica, seminários, exposições orais, resumos, mostra de fotos, mostra de iniciação científica, maquetes, entre outras.

A partir da década de 1990, a modalidade pôster apresentou um crescimento significativo na graduação, portanto, extrapolando o âmbito tradicional da pesquisa *strictu sensu* e da pós-graduação, estando presente também como forma de socialização das diferentes modalidades de trabalhos de conclusão de curso.

Essa estratégia de socialização tem possibilitado ampliar a troca direta e pessoal entre os participantes de eventos acadêmico-científicos, bem como pode se constituir numa primeira vivência dos alunos, no que se refere à comunicação e divulgação dos resultados dos seus trabalhos acadêmicos, sejam estes individuais ou em grupos.

A seguir apresentamos os elementos básicos para elaboração e apresentação de pôster, levando em consideração a norma da ABNT – NBR 15437.

PÔSTER

O que é?

O pôster é um recurso ilustrativo para socialização dos resultados de trabalhos acadêmico-científicos.

Objetivos

– Apresentar uma síntese dos principais resultados de pesquisas, seminários e demais modalidades de trabalhos acadêmico-científicos;

– Incentivar entre os participantes a discussão e o questionamento durante o tempo em que for apresentado;

– Estimular nos visitantes o interesse e a reflexão sobre o conteúdo e os resultados apresentados, no caso da exposição de pôsteres.

ORIENTAÇÕES BÁSICAS PARA ELABORAÇÃO DO PÔSTER

1) Organizar a sequência de dados de forma que o pôster seja autoexplicativo, o que facilitará tanto a apresentação oral quanto a compreensão dos visitantes, no caso da modalidade *exposição de pôsteres*;

2) Redigir textos claros e objetivos, que sintetizem: a) introdução; b) a metodologia, (materiais e métodos, quando for o caso); c) os resultados do trabalho; d) a indicação de pelo menos duas referências bibliográficas ou uma bibliografia básica.

3) Como o pôster será observado a uma distância de aproximadamente um metro, deve ser dada atenção especial ao tamanho das letras e dos recursos ilustrativos. O tamanho é padrão, estabelecido conforme a finalidade da mostra; sua dimensão mais frequente é 0,90 m x 1,20 m.

Em alguns eventos tem-se utilizado outros formatos, menores (A3, por exemplo), constituindo-se o micro-pôster ou mini-pôster (Fernández 2000) também uma estratégia adequada para atividades de natureza acadêmico-científica.

4) Recomenda-se o uso de 50% do espaço para recursos ilustrativos: fotos, gráficos, tabelas, figuras, que contribuam para melhor

visualização dos resultados do trabalho; todas as tabelas e figuras devem ter legenda, e os eixos dos gráficos devem estar identificados.

5) O pôster deverá ser identificado com o título do trabalho acadêmico (ou pesquisa), nome do autor e, quando for o caso, nome da instituição de origem ou da agência financiadora. Dar destaque a essa identificação, usando letras de aproximadamente 3 cm, para pôsteres com tamanho 0,90 m x 1,20 m.

6) No caso de trabalhos de conclusão de curso, identificar o(s) orientador(es).

ORIENTAÇÕES PARA APRESENTAÇÃO DO PÔSTER

1) A colocação do pôster, geralmente, obedece a locais e critérios previamente estabelecidos pela organização da atividade e/ou evento científico;

2) O autor deverá permanecer junto ao pôster nos horários determinados para apresentação oral, que deverá durar de 5 a 10 minutos ou o tempo estabelecido para essa atividade acadêmica. Nesse caso, recomenda-se que o apresentador esteja portando um crachá de identificação.

3) Recomenda-se preparar um roteiro explicativo para servir de lembrete, caso seja necessário. Em alguns eventos solicita-se preparar um *folder* explicativo ou resumo, para ser distribuído aos participantes e aos avaliadores, quando for o caso.

4) Na modalidade *exposição de pôsteres*, esse *folder* com informações complementares poderá ficar disponível em caixa acoplada ao próprio pôster.

Referências bibliográficas

ASSOCIAÇÃO BRASILEIRA DE NORMAS TÉCNICAS (2006). NBR 15437/2006 – Informação e documentação – Pôsteres técnicos e científicos – Apresentação. Rio de Janeiro.

DAY, Robert A. (1990). *Cómo escribir y publicar trabajos científicos*. Publicación Científica 526. Washington: Organización Panamericana de la Salud.

FERNÁNDEZ, Esteban P. (2000). "El microcartel, una herramienta eficaz para la comunicacíon científica". *Acimed* 8 (3), pp. 208-215. Havana.

ANEXOS

1) Exemplo da capa do trabalho

Nome do autor

CÉLIA EMÍLIA DE FREITAS ALVES AMARAL MOREIRA

Título do trabalho

**FUNÇÃO E PERSPECTIVAS DA TERAPIA OCUPACIONAL
NO TRABALHO COM PACIENTES TERMINAIS**

Local e data

**PONTIFÍCIA UNIVERSIDADE CATÓLICA DE CAMPINAS
1994**

2) Exemplo de folha de rosto

Nome do autor

CÉLIA EMÍLIA DE FREITAS ALVES AMARAL MOREIRA

Título do trabalho

**FUNÇÃO E PERSPECTIVAS DA TERAPIA OCUPACIONAL
NO TRABALHO COM PACIENTES TERMINAIS**

Finalidade do trabalho

Monografia apresentada como exigência parcial para obtenção do título da graduação em Terapia Ocupacional, pela Pontifícia Universidade Católica de Campinas, sob a orientação da professora Lilian Vieira Magalhães.

Local e data

**PONTIFÍCIA UNIVERSIDADE CATÓLICA DE CAMPINAS
1994**

3) Exemplo de sumário

2

SUMÁRIO

INTRODUÇÃO 04
I — MORTE, UMA QUESTÃO 05
   1. Paciente Terminal 11
   2. Vivência da Morte 17

II — CONTRADIÇÕES NA ATUAÇÃO DA TERAPIA
OCUPACIONAL FRENTE À MORTE 23
   1. Retrospectiva Histórica 23
   2. Atividade Versus Processo de Morte 26
   3. Produtividade 28
   4. Viver e Morrer de Forma Compartilhada 28

III — ATUAÇÃO DA TERAPIA OCUPACIONAL 30

CONCLUSÃO 34

BIBLIOGRAFIA 35

ANEXOS

I — Roteiro de Entrevistas 38

II — Entrevista com a Terapeuta Ocupacional
Cláudia Maria Maluf Villela 39

III — Entrevista com o Médico
Evaldo Alves D'Assumpção 40

4) *Exemplo de texto com notas de rodapé*

32

"A excessiva patriarcalização de nossa cultura elitiza os opostos e trata o pólo da vida como bom e o da morte como ruim. Esquecemo-nos de que uma polaridade só tem sentido diante da outra." [1]

A morte se apresentava no passado como algo cotidiano; atualmente, com a sociedade voltada para a produção e o progresso, criou-se um tabu em torno dessa questão, tornando-a inominável.

A transformação da vivência da morte está ligada a diversos fatores que se baseiam na sociedade de produção e consumo, pois com a morte este sistema não se mantém, sendo necessário negar sua existência, deslocar para o hospital sua ocorrência e prolongar a vida o maior tempo possível. A partir desta transformação, na qual a morte deixa de ser parte integrante da vida, e do fato de que assumimos o papel de espectadores do morrer, o homem se coisifica.

A sociedade ocidental, regida pelo capitalismo consumista, pretende manter suas relações de poder e consumo, devendo, portanto, impedir o questionamento sobre o materialismo, hierarquia do poder e coisificação do homem, que promoveria a tomada de consciência do real valor de nossa existência. Este questionamento, entretanto, advém da percepção da finitude do ser, que possibilita um refletir sobre os objetivos e as relações que almejamos, e este pensar acarretaria mudanças no sistema devido a se opor ao acúmulo de capital e relações de exploração. A compreensão de ser finito direciona nossos objetivos para a especificidade e limitações, promovendo qualidade ao significado das ações e fatos. "Ela requer de cada um a disposição de arriscar-se à dor ao se lançar em um apego significante e de envolvimento afetivo com outra pessoa, mas, também, aumenta o valor de tais relacionamentos." [2] Devido a este sistema relacional capitalista-consumista ter que impedir tais questionamentos, a ideologia transmitida dignifica o homem pelo trabalho-produção, delegando à morte o espaço de tabu.

1. Nairo de S. VARGAS. *Folha de S.Paulo*, 26.07.86, p. 36.
2. Theodore LIDZ. *A pessoa*, p. 531.

5) *Exemplo de referências*

REFERÊNCIAS

ABERASTURY, Arminda. *A percepção da morte na criança e outros escritos.* Porto Alegre: Editora Artes Médicas Sul Ltda., 1984, 139 p.

BOEMER, Magali R. *A morte e o morrer.* São Paulo: Cortez Editora, 1986, 135 p.

BOWLBY, John. *Apego e perda;* vol. III — *Perda.* São Paulo: Martins Fontes Editora Ltda., 1985, 486 p.

_____ *Formação e rompimento de laços afetivos..* São Paulo: Martins Fontes Editora Ltda., 1982, 165 p.

BRITO, Maria Elisabeth M. A. *O ensino da atividade na formação profissional do terapeuta ocupacional.* Campinas: Puccamp, 1983, 35 p., monografia.

D'ASSUMPÇÃO, E. A. (coord.) D'ASSUMPÇÃO, G. M. (coord.) e BESSA, H. A. (coord.). *Morte e suicídio.* Rio de Janeiro: Editora Vozes Ltda., 1984, 237 p.

D'ASSUMPÇÃO, E. A. Tanatologia e o doente terminal. *Revista Diálogo.* São Paulo: Editores e Produtores Roche Químicos e Farmacêuticos S/A, Ano 10, nº 2, 1984.

FRANCISCO, Berenice R. *Dilemas e tendências da terapia ocupacional: questão da atividade humana.* Campinas: Puccamp, 1985, 20 p. (mimeo.).

FREITAS, Luís C. T. *Por que fazer terapia?.* São Paulo: Ágora Ltda., 1985, 166 p.

6) Abreviaturas mais utilizadas

ap., *apud*	— (para citações indiretas) segundo, junto a.
cf.	— confira.
etc.	— (et cetera) e outros.
ex.	— exemplo (s).
fig.	— figura.
ibid.	— (*ibidem*) mesma obra e mesmo autor, já conferidos em nota imediatamente anterior.
id.	— (*idem*) o mesmo autor, ou a mesma obra, já referidos em nota imediatamente anterior.
il.	— ilustração (ções).
infra	— abaixo, em linhas ou páginas adiante.
n., nº	— número.
op. cit.	— (*opus citatum*) na obra ou autor já citado.
org.	— organizado por, organizador.
p., pg.	— página.
supra	— acima, em linhas ou páginas anteriores.
s.d.	— sem data.
v.o.	— ver o texto original.